桜美林大学 叢書 vol. 006

実力大学をどう創るか

ある大学改革の試み

猪口 孝
INOGUCHI Takashi

J. F. Oberlin University

はじめに

公立の4年制の大学が出身地、新潟にできることになり、私は柄にもなくひょんなことで学長兼理事長になった。２００９年のことである。

柄にもなく、というのは、私が学長や理事長という大学経営などとは無縁な学究生活一筋の前半生を過ごしてきたからであった。

さらにいえば、高校卒業後、新潟に帰ってこないだろうとひそかに思っていたせいもある。通っていた小学校から10分くらいの場所に坂口安吾の石碑があり、そこに刻まれた「ふるさとは語ることなし」という言葉に、まことごもっともと思ったこともある。

ひょんなことでというのは、私の妻、猪口邦子が小泉純一郎内閣に入閣後、その同僚の環境大臣、小池百合子氏が環境にやさしい服のファッションショーをやるとのことで、夫婦で出ることになった。表参道の会場で、赤い絨毯を敷いた長い階段を夫婦でゆっくりと降りた。躓きもせず、ほっとしていたら、新潟県知事の泉田裕彦氏もファッションショーに参加しており、面識もないながらご挨拶をした。十日町の伝統布地を使った洒落た服だった。

その1年半後、泉田知事から新潟県立大学学長への興味についてお電話があった。

この本では小さな創意工夫でできること、できたことを書いてみた。タイトルは大言壮語の大学論みたいだが、実は小さな工夫の集まりにすぎない。この本のサマリーがこの「はじめに」である。

新潟県立大学は、始めは女子学生のための二年制短期大学であった。１９６０年代後半に設置された短大である。それが男女共学の４年制大学にしたいという県民の要請があり、作られた。全国都道府県のなかでもおそらく後ろから数えた方が良いくらいの遅いスピードで、これが２００９年である。女子短期大学は時代遅れになったのではないかという声に答えること、平均して10年～20年くらいさらに遅れた公立大学の誕生であった。

公立大学は、中央政府全部丸抱えの国立大学と違い、また私学助成で体系的に中央政府から支援をうける私立大学とも違う。中央政府である総務省からの地方交付金、その雀の涙ほどの部分が公立大学にまわってくる。財政規模は極端に小さい。在学生が４年全部で１５００人、教職員が１５０人、県予算が８億円、授業料が８億円。

就任が決まったあとでわかったのだが、厚生労働省の衛生基準に違反しているといわれても、すぐに大学の実験室や調理室を修理できない。大きな地震があったら危険だから修理とはならずに、使用禁止になる体育館。入学式や卒業式は、寒い風がすきまから入ってくるもう一つの体育館に大きな石油ストーブを数個置いて、新入生とその３倍にもなる保護者で２時間もの式を凌ぐ。

しかも県立大学の予算はまず増加できないということだった。

このように極端に小規模な、蚊のような財政予算でどういうことが必要で可能なのか。そのような質問は間違いで、中央政府や地方政府にそれを指摘し、改革していくのが正道なりという声もわかる。しかしこの本はそうではなく、学生、教員、そして職員、そして新潟県民、日本国民に、私が成しえたことを描いて読者とシェアしたい。くり返すが、シェアするのは私の創意工夫のひとかけらである。


はじめに問うべきはどのようにしたら、学生と教員と職員の力を引き出せるかである。やる気を大きくできれば半分の問題は解決に向かう。学生は自分に誇りをもっているのか。この大学に誇りをもてるのか。どちらもそうでない。このことが他の方はわかっていない。入学式を2、3回経験するとすぐにわかる。

新入生代表は入学試験で成績が一番の方に自動的にしている。私が学長の時には必ず女子学生だった。新入生代表に正面から向き合っているのは私ひとりである。その表情をみて分かったことがある。

「新潟県立大学に入学できて嬉しい。これから学ぶことを楽しみにしている。一緒に学ぶ同級生、一緒に課外活動を楽しむ友人も大事にしたい」などのあいさつも、一番入学ゆえに第一志望、第二志望の大学ではなく、入れたのが第三志望の新潟県立大学だったのはかえってつらいことなのだ。「英語のあの問題でミスをしなければ、もっといい大学に入学できたのに」という気持ちが固い顔の表情からも読み取れる。でも新入生代表なのだからと一瞬思うだけで、涙が出そうになりかかる。発声が人に分からないほど短く、小さくなる。

これは大変だと思った。2、3年同じような経験をし、事の重大さを思う。

私はどうしたか。入学試験を12月、1月、2月、3月と最初の推薦入学決定を含めると4回行った。日程は全国のどの大学の入学試験ともかち合わない日取りにした。入学試験受験者を多くしたい。そうすれば、成績の高い学生が入学する率が高くなるだろう。

そのとおりだった。全国都道府県のすべてから新入生が入ってきた。それとともに偏差値が少し遅れて上昇、数年後には10近く上がった。

学生は自分に自信がもてない。なんとなく不安だが、なにをウリにすればよいかもわからないし、そんなものはない。こういう学生が多い。

そこで、ベスト・スチューデント賞をつくった。学業成績だけしかみないというと、元気がでない。入るわけがないと思う学生が多いから。そこで、全国大学スポーツ大会で3位になったチームにはスポーツ優秀賞。

東日本大震災で被災した南相馬の小学校に毎年2、3週間、ゼミ単位で補修学級を実施したグループがあった。これには南相馬市長が感激した。当然ベスト・スチューデント賞だ。新潟市の貧困地区にある補修学級に英語や数学を教えに行っている学生も当然ベスト・スチューデント賞、NHKのど自慢にでてカネ3つの学生もベスト・スチューデント賞だ。

毎年賞を貰う学生の数は100人くらいだ。教員の助けを借りてリストアップしてもらい、学生を選んでいる。私自身は評価選定にかかわらず、教員にまかせる。これも教員だけの仕事になってよい。賞状と副賞を渡すのは私である。就職活動が始まる前に毎年100人余りの学生に賞状がしっかりと渡される。これが学生のやる気を一層引き出す。

教員も三流大学で燻っていてもしょうがないと、やる気が少し弱目の方が少なくないように見受けられた。

そこでベスト・ティーチャーズ賞をつくった。学生アンケートを毎学期とって教員に賞を決めてもらう。教え方が丁寧で学生の理解度にいつも注意を払う教員、学生が話していることをしっかりと把握し、さらに理解を深めるための参考書についても指示してくれる教員、学生の身になってアドバイスをくれる教員――これらの教員はベスト・ティーチャーズ賞だ。毎年5～10人くらいだ。

学長は介入しない。これも教員によい感じを与えるみたいだ。就職活動が始まる前に賞を渡すのだが、その会合は200人くらい入る一番大きな教室を使う。みんな笑顔で賑わっている。いい感じである。

　学生についても教員についても難関は長い入学式と卒業式であることは触れた。これは新潟県のコンベンションセンターを使うことで解決。学科毎の教員との会合は式のあとでいくつも部屋があるので少し費用がかかるがすぐ解決した。

　朝食をとらないで朝の授業にくる学生が多かった。学生のための学食は昼だけの営業だった。なんとか朝食も出せないかと粘ったが、ダメだった。学生数に比例して、費用を出す予算が決まっているという。新潟市の諸大学の生協連合が親母体だ。

　それならばと、学長が必要な額をポケットから出した。県民に気持ちだけでいいからと寄付をお願いしたところ、多数の寄付者がでてきた。いい話じゃないですか。それを朝食100円にして、コシヒカリのご飯、鯖の焼き魚、豆腐とわかめの味噌汁、野菜の漬物、納豆、お茶とした。

　新潟市の諸大学の総学生数の9割以上は国立新潟大学だが、新潟県立大学が朝食を導入すると、新潟大学もそれに習っている。新潟県立大学はおかげさまで、恒食恒心である。朝食抜きでは力が入らない。交通も不便なところなので、大学としては勉学に励める時間を増す助けをしているのだ。

学生は就職が一番の不安の種だ。偏差値もドラマティックに上がる。有名高校からの入学も増える。就職は新潟が6割、東京が3割、その他が1割だ。新潟に就職する学生数がしっかりとしているのも県民としては近い将来、より一層の過疎にならないようにするから、いい。東京の上場企業に就職する学生、全国の有名大学（東大、北大、筑波大など）の大学院に進学する学生、外国の大学院も英国、スウェーデンなどに進学する学生も出てくる。自営業志望者もいる。苦戦しながらも、就職は善戦している。

教員の研究費についても創意工夫が必要であった。担当授業のコマ数は私の経験した私立大学（東京の2つの大学）よりも少なかった。厚生労働省の科学研究費、文部科学省の科学研究費が使える。申請書を提出後、半年くらいたって、採択不採択の通知がくる。不満は申請してもまず入らないことだという。２００９年にこのような科学研究費を貰っている教員は、代表者と分担者あわせても2、3人しかいなかった。

中央政府の立場は国立大学第一で、8割を占める私立大学は私学助成で面倒をみるが、公立大学は地方政府の出番という。総務省から新潟県に地方交付金がまず来て、そこで県の予算が立てられる。学校にくるのは最後らしい。

学校のなかではまず県立高校にふりわけられる。公立大学は県立高校よりも格下になっている。

おかしな話だが、日本の制度にはおかしいことが少なくない。蚊に水をやるようなモスキート級の予算規模になる。そのような現実をとりあえず前提とすると、できることは2つ。

ひとつは民間財団で教員の取り上げる主題を扱う財団で研究助成を申請することは1回とか2回とかであきらめてはいけない。募集時期は大体決まっているから、毎年申請することが第一。もうひとつは関連の民間財団があったら毎年2つ申請する。1年目がダメでも、2年目がダメでも、懲りずに出し続けると申請書の書き方にも慣れていく。ここが重要である。そのうち、他の大学で活躍していそうな友人に話してみる。気があったりして、今度は一緒に申請しようね、になることもある。

さんざん待たされた私の経験を話して教員たちを励まし続けたところ、4、5年したら科学研究費の恩恵にあずかる教員が10倍になったではないか。教員数は150人で科学研究費を貰っている教員は20人だ。さらに一千万円を越える科学研究費をもらう教員も出てきた。

おかしな制度はそれをひそかに冷笑しつつも、その制度を使わなければ何も変わらない。私の小さな創意工夫も大きく大学を変えていくこともある。上記はその幾つかである。

最近、「タイムズ・ハイヤー・エデュケーション世界大学ランキング」の日本版2021年が発表された。日本の1000近くある大学のなかで、新潟県立大学は101-110位にランクされていることがわかった。この本でも触れているが、2010年、2011年に私自身が「タイムズ・ハイヤー・エデュケーション世界大学ランキング」の審査員の一人だった時、東京大学は世界10位を堅持していた。２０２１年には世界37位、日本３位である。新潟県立大学は、世界ランキング２０１３年ではランクされなかった。漠としているが、１０００位あたりと言われた。

ここでは、モスキート級財政規模の新潟県立大学が、日本にある１０００近くの大学のなかでここまでランクされたことに私自身が少し驚いている。と同時に、この本でいうような小さい創意工夫が物事を大きく変えうることを間接的に証明しているらしいことを示している。

目次◎実力大学をどう創るか――ある大学改革の試み

【第2章】県立大学の時代は到来した

【第3章】大学評価は研究成果に焦点を

【第4章】

大学研究費は個人、業績を軸に

【第5章】大学教育は地球市民のために英語で

【終章】グローバル・コンシャスネスの芽生え

【序章】
学びは出合い

学びは出合い

2011/10/29

学びには2つの側面がある。第一は読み、書き、聞く、話す、計算する能力、「知識と論理」である。第二は受容度、感度の向上である。

この2つは相反するものではなく、互いに作用し合う。未知の状況に置かれたとき、直ちにピンとくる感性が鋭い人は深い知識と思考力がある。最先端の数学などはそうした才能によって切り開かれる。

ビジネスの世界では亡くなった米アップルのスティーブ・ジョブズがそういう人だったのだろう。せっかく入学した大学を両親の懐具合を考え半年で中退したが、その後も「聴講生」として、アルファベットを飾り文字として描くカリグラフィー（西洋の書道）の授業に熱中した。この知識が後年、フォントを美しく見せる機能としてパソコンに盛り込まれる。創業したパソコン会社を追い出された後に、世界初のフルCG（コンピューターグラフィックス）映画「トイ・ストーリー」を製作する会社を立ち上げる。カリグラフィーもCG映画会社も偶然の出会いだった。

セレンディピティー（serendipity ＝幸運力）という言葉があるように偶然も能力の一つ。製品との出合い、場所との出合い、人との出会い。学びとは出合う力を養うことなのだ。

日本の1パーセント底上げ

2011/11/19

外国に留学しようとする若者が急激に減少している。1960年代〜1970年代には数千人の留学生が米国に行った。私もその一人である。1990年代には4万数千人に伸びた。ところが1990年代から2000年代には急減し、2万数千人になっている。なぜか。内向きになったから、家計が苦しくなったから、職場や研究室の出世競争が気になるから、日本社会が住みよいから――等々いろいろある。諸説ごもっともである。しかし、最も直接に影響しているのは日本人の若者が、世界全体からみると相対的に競争力がないことである。日本社会のなかで比べると、若者の学力も英語力も、私の世代と比べて格段に向上している。

しかし重要なのは、たとえば有名大学の経済学や政治学専攻の大学院に行こうとする世界の若者のなかで日本人の若者が学力、英語力でどの程度にランクされているかである。中国、韓国、インドからの若者が圧倒的に学力、英語力、そして財政力でトップ3分の2を占めんばかりになる。米国人があまりにも少なくなってはまずいのでかなりの米国人がアドミッションで頑張り、残る。あとはほんの何人分もスロットが開いていていない。そこに日本人がはいる確率は微々たるものだ。はっきりいって、国際的にみると、相対的力量の差が歴然としている。力の向上が中国、韓国、インドなどで日本のそれよりもこの20年で格段に速い成長をみたのである。

積極的に留学したい日本の若者は1960年代~1970年代に比べるとはるかに増加している。違うのは日本の若者の相対的成長率が遅くて、国際的な競争に残らないことである。内向きだからと呑気なことで済むはずがない。それも日本人の全員とか半分とかが日本語だけでなく、英語でも自分の力量を同じ程度に示せることを目標としているのではない。インドでさえ、6パーセントしか英語が上手とはいえない。

日本は1パーセントを短期的な目標とすべきである。100万人である。手始めに国家公務員試験をTOEFLやTOEIC等の英語検定試験得点の報告制度を導入し、TOEIC800~900点以上とれなければ、面接試験に進めないようにすることである。年齢についてももうすこし新卒以外でも受験できるようにする。さらには英語の中学校、高等学校の教師の資格が発効するのは海外で、たとえば国際協力事業団とか青年海外協力隊などで、英語を使う職場での経験を要件とする。

重要なことを英語でしっかりと示すことができなければ、日本人の力量は極端に過少評価される。ビジネスでも外交でも学術研究でも日本人は力量に見合った結果を出せていない。それは多分にトップ1パーセントがとりわけだらしがないからである。その1パーセントを生み出すためには裾野をもうすこし広くしないと英語でも力量を日本語と同じように発揮できる1パーセントはできない。

新潟県立大学は地方の小さな新しい大学であるが、裾野をすこしでも広くし、健全な地球市民を生み出せる土壌を創ろうとしている。「地域に根ざし、世界に羽ばたく」ことをモットーにしている。さいわい、英語でも、中国語でも、韓国語でも、ロシア語でも、他の人がみていようとみていまいと、小さな花を咲かせようとひたむきに一生懸命に励む学生が着実に増加している。楽しみである。

2011/12/17

職業への視野広げる

大学生の就職活動は私が卒業した半世紀前と大違いで、学生は文字通り必死になって就職先を探している。だが、狭き門にしているのは、経済の不振による雇用の減少だけなのか、とも思う。これだけ日本が先進国として成熟したのに、大学の偏差値と人気企業が連動した偏差値身分制がいまだに残る。18歳前後に難問、奇問があふれる入学試験を解くスキルがそのまま職業選択の大枠になり、それを企業も学生も受け入れてしまう窮屈さ。だが世間に目を向けると意外なところで風穴が開いている。

例えば先進国、新興国を問わず成長産業とみられる医療・保健分野では今、看護師の存在感が高まっている。看護学が大学での重要な研究分野となり、医療器具などの知財を創出する動きもある。さらに英語など語学教育が重視され、日本でも海外授業を実施する大学がある。注目すべきは、米国の医療機関などで、看護部門のトップを副院長に登用し、経営改革に成功していることだ。世界的に見れば看護師は低賃金の専門職ではなくなりつつある。職業選択に際し日本は親子とも視野を広げるべきだ。有名大学に行けば選択肢は広がる、という幻想を捨て、自由な発想で将来を見据えたい。

【第1章】
東大が突破口開け

自分を表現する力

2012/1/21

米国の有名大学院に日本の若者が入りにくくなっている本当の理由は力量不足である。そういうと日本の大学では何を教えているのかと怒ったり、嘆いたりする読者が少なくない。大学院でどのような力量が測定されているのだろうか。

人間社会で基本的に有用な能力は次の三個ではないだろうか。第一、自己表現力。感性に溢れた自己表現力である。第二、論理力。整然とした論理構成で議論ができることである。第三、相手説得力。決意や情熱で漲りながら、相手を納得させる能力である。それは日本の教育でいずれも真剣に取り組んでいない訓練によってしか伸びない力である。大学入試を軸にして回っている日本の教育はこれら三個の力量を真剣に伸ばすようになっていないと思う。自分を感性こめて表現することが小学校から大学まであまり強調されていない。

学芸会の劇は今より昔に盛んだった気がする。主役とか脇役とか差別がなされると思われ、敬遠されるようになったせいだろうか。他人を演じて、いろいろな表現力を身につけることが少ない。論理的な議論をする練習が日本の学校でしっかりとなされているか。小学生の夏休みの日記に書くような稚拙な作文を米国の大学院志願書に出すようでは駄目である。日本人には議論を論理的に展開する訓練が少なすぎる。

人間社会では相手を説得すること、相手になるほどと思わせる意気込みや覇気をもつことがとても重要である。これら三個の力量を伸長させる訓練を日本語でもやっていないのが日本の学校ではないか。大学入試と全国模擬試験がすべてをクラウディング・アウトしているのではないか。

私の提案は小学校、中学校、高等学校、それに大学で、スピーチ・ライターの宿題をたとえば夏休みや春休みに必須科目の一部として行うことである。

たとえば、日本語のスピーチ・ライターの役目を仰せつかったとして、みずからの全力を尽くして自己表現力、論理力、相手説得力を発揮して、有名政治家の演説を書いてもらうのである。尾崎行雄でも田中角栄でも参考にしてもらう演説のサンプルをつけることにしよう。英語のスピーチ・ライターの役目を仰せつかったとして、同じことをエイブラハム・リンカーンやジョン・エフ・ケネディーの演説のサンプルをつけることにしよう。

そのうえで、学生の間で、教師も交えて討論会・批判会を実施しようではないか。これら三個の力量を伸ばしていくことがグローバル人材の養成を助けることになる。どちらかというと、無表情で、人畜無害なことだけを、論理的な繋がりが明快でない形で話す学生をあまり出さないようにするには、上記のスピーチ・ライターの練習とか、役割プレイの練習とかが真面目に考えられてもよい気がする。

東大が突破口開け

2012/3/3

東京大学が秋入学を可能にする施策を追求すると発表した。トムソン・ロイター社による世界の大学ランキングで東大がこの数年で約10位から約30位に急激に落下している。東大としてはこれだけ科学技術系の科学論文を出版しても、大学の内なる国際化が低ければランクが低くなることに危機感を抱き、それを容易にする一つの施策としての秋入学を計画したのである。

教員と学生がすべて国籍にかかわらず、開かれた競争で選定される香港大学とか香港科技大学（どちらもかなり高いランクを獲得している）と比べて考えてみよう。香港大学や香港科技大学では国籍を問わないが、東大では多分かなり重要で、日本人が圧倒的である。前者、とくに香港科技大学では給与や研究費は学者のメリット次第で、よしと思う世界一流の学者には大枚を払ってでも引き抜いている。後者では給与や研究費は大抵一律だ。前者では使われる言語は英語、後者は圧倒的に日本語だ。英語で教えている教員はあまりにも少なく、留学生にはあまり魅力はない。日本語を留学生に実効的に教えるインフラは残念ながらお粗末だ。

このように構造的なインフラが不利にもかかわらず、東大が秋入学導入で内なる国際化の突破口を開いてくれたらと思う。なぜなら日本社会は東大本位制度の社会で、東大が突破口を開けば、問題の半分は解決すると皆がひそかに信じているからである。

同時に、内なる国際化は長期的視点で見なければならないことを忘れてはならない。福沢諭吉が文明開化を説き、外国語習得を奨励してから170年、英語を使うことを極端に不快とする日本のエリートは大きくは減少していないだろう。むしろ増加している感じがする。しかも、外国人雇用についての日本社会の拒否反応は強い。これまで人口減少の趨勢をストップさせる実効的な施策としての外国人受け入れと、婚外子差別撤廃は日本市民の大勢はいずれにもノーと言っている。給与や研究費の一律支給の廃止については、格差拡大に繋がるものとして大勢はノーと言っているようにみえる。

ユニクロや楽天などの企業で職場での英語使用について企業のことだから自由だとは言いながら、圧倒的多数がノーと言っているようにみえることを考えると、英語全面使用はかなり難航するのではないか。

第一、英語で授業しない教員を解雇しようとはしないはずである。第二、英語しか使わない教員（外国人）を大量に雇用することへの抵抗は長く続くのではないか。1960年代に内線の導入により、電話交換手が必要無くなったときに、東大がとった施策は今度の場合に示唆的である。殆どの電話交換手が定年になるまで、内線導入を大体25年辛抱強く待ったのである。

しかも現在は科学技術に夢中になり、次から次へと一流の進歩を成し遂げていく学者を多く抱えているだろうが、すでに理科離れは次世代に深く浸透している。先達ともいえる米国では理科離れはかなり昔からそうであるが、留学生や移民がドンドン流入しており、中国系、インド系、韓国系など外国からの人員補充で理科離れがひどく問題化してはいない。ドイツでも理科系は外国系が優勢になっているとのことだ。

ところが日本社会は外国人拒否がいまのところ強い。大学が外国人受容に主観的には傾いたとしても、日本社会がなかなか咀嚼するのに時間がかかる。どの程度までやるかについて意見を決めるために少なくとも15年はかかる。バブル崩壊（１９９１年）のあと、公的資金注入の是非をめぐって15年くらい使っている。普天間廃止合意（１９９６年）のあと15年余り経ったではないか。それでもまったく不透明のままだ。

だからといって大学の国際化なしに日本は現在の技術水準と生活水準を保ちつづけることは難しい。世界のなかでひとり日本列島を極楽トンボのガラパゴス島にしようにも、世界が許さない。これだけの技術水準と生活水準を誇る日本社会が引き続きトップ・グループにいつづけるためには、科学水準と学術水準を高く保つことが不可欠である。

科学技術だけでもしっかりとしていれば大丈夫ではないかというとそれは問屋が降ろさない。学術水準、文化水準も高くないと、このグローバル化の世紀を経営できない。日本社会もグローバル化していくだろう。グローバル化し、そしてそれに劣らず重要なローカル化を進めていく長い移行期をわれわれは耐えなければならない。英語ができれば就職が安心などというような呑気なことにはならない。英語習得が直線的に安定した職業と所得を意味しない。しかし、英語くらいしっかりとしていなければ、視野も狭窄し、夜郎自大となるのは必至である。脱ガラパゴス化、脱夜郎自大化を進めなければ、この長い移行期を日本社会は成功裏に航行できるはずがない。

大学の国際化は、社会全体も有機的に国際化しなければなかなか成就できないものなのだろう。その移行期にはさまざまな試行錯誤がとられるだろうが、自分の気持ちに合った道を模索して、自分の力量を上げようとして、時には迷う若者を暖かい目で見守る日本社会でなければならない。どのような境遇に置かれていても必ず花を咲かせようとする若者の元気と勇気を挫くような日本社会ではこの移行期を航行できないのではないか。

2012/4/21

韓流の孟母三遷

日本における外国語教育は文明開化を決意してから170年余りが経ているが、半ば失敗だと思う。その一因は親が教育にかける費用の大きさにあるのではないかと思う。

日本社会は「東大本位制」みたいなものがあるので、東大や有名大学に入るためには塾とか予備校とか家庭教師のためにかなりのお金を使っている。東大までの教育投資である。東大に入ってからの教育投資は最小限ではないか。志望校に入ってしまえば、あとはなにを学んでいるのかわからなくなっているのではないか。学力は高校卒に毛が生えた程度で職場に行くのである。

現在は大学を卒業しないと職場が確保しにくくなっているから、大学に行くことは行くが、あまり付加価値がないという認識がひろくあるのではないか。そのせいか、大学の授業料が重い負担となっているようである。

しかし、事実はＯＥＣＤ加盟国のなかで日本の教育支出は国民総生産の比率でみると最低である。しかも、外国語教育ということこれも最小限ではないか。外国語学習というと大学で履修しないと卒業証書がもらえないというだけのことでないか。義理でやっているみたいなものである。しかも外国語を日本語と近い形で捉えようとしているみたいで、生きた外国語の学習になかなかなりにくい。アジア31カ国のなかで「外国語としての英語の試験（ＴＯＥＦＬ）」の平均得点はビリから2番目である。日本は30番である。

「孟母三遷」という話は日本社会でもよく聞くが大抵は東大とか有名校に入れるように受験有名校への進学する話である。地方の公立高校の競争力は受験有名校に比べるとかなり絶望的になっているので、その時に東京に引っ越しがあるが、外国の大学に留学するのと関連する「孟母三遷」はあまりない。話題になっている東大の秋入学への移行も外国の大学に留学しやすくしたいということなのだろうが、あくまでも日本に本拠地を置きながらの話である。

そこへいくと韓国で子供の外国留学に母親も一緒に住居を移すようなことは大規模に起きていない。しかし、父親が独り暮らしを余儀なくされても子供には外国留学を母親と一緒にいかせるのは稀ではないようである。

職場での雇用や昇進にはＴＯＥＦＬの得点がよいことが必要になっている。日本でもそのような企業も増えているようだが、韓国のような大規模になっていない。なにしろ費用が比較的少なく英語が習得しやすいフィリピンやマルタに短期間英語留学する韓国人が多いので、韓国レストランも多く進出しているという。

日本の大学で外国語を教える最大の大学、東京外国語大学で27の外国語を教えているというが、韓国外国語大学（私立）では75の外国語を教えている。韓国外国語大学では７００人の外国人教員が教えているという。東京外国語大学の外国語教員は教えている外国語の数からみてもはるかに少ないだろう。

そんな風にみると、日本社会は外国語教育にあまり予算をかけていないことがはっきりしている。日本で外国語を勉強しようとしてもなかなかうまくならない。したがって、日本の企業が海外に大挙進出しても、日本人はあまりとらないことになる。外国語能力が日本語、英語、それに現地語で3カ国語という人は日本人というよりは、韓国人、中国人、インド人、タイ人ということになりやすい。泣き面に蜂のようになってしまうが、日本人は専門といって、極端に狭い分野の知識と技能に自分を押し込んでいるために、外国語だけでなく、サブスタンスでも見劣りがすることが少なくない。

2012/5/26

中国学生の学習姿勢

新潟県立大学ではロシア語、中国語、韓国語を専攻することができる。新潟は対岸がロシア、中国、韓国なので、しっかりと学習できる体制を作っている。

　提携大学として国立太平洋大学（ハバロフスク）、国立黒龍江大学（長春）、私立韓国外国語大学（ソウル）がある。太平洋大学の副学長が新潟を訪問、もうすこし提携を密接にしたいとのこと。何しろ1万5千の学生数のうち、日本からの留学生は1人という。寒いところは嫌われるのかなどと、心のなかで勝手に思う。

　中国人の留学生は4千人という。アムール川を越えればハバロフスクなのだから、そんなものかと思う。しかしである。中国人は留学の第一は欧米、第二は日本などと勝手に思っていたのだが、考えてみれば、機会が見えてくればどこの外国の大学でもあの人口のほんの0・01パーセントでも100万人が留学先を探るわけだからそんなものかなとも思う。それにしてもすごい。ロシア語を学習するというより、たとえば機械工学とか水力学とか、あるいは低温下の農業とかを専門にしているのであって、ロシア語はついでにあっという間に習得しているみたいである。

　日本人はまずロシア語学習、それから専門などといって時間がかかりそうである。考えてみれば、日本人の多くは外国語というと自分とは関係ないと考えているのだろうか。真剣度が違う。北京大学に留学した加藤嘉一氏によると、やはり凄い。寝ても覚めても外国語を習得すると覚悟すると、やるのだそうである。彼自身もそうやったから中国語は上手になっている。

　日本でロシア語を習得しようとすると、なかなかよいところがない。日本のロシア語教育は衰退したのか、はじめから大したことがないのか、元気がない。東京外国語大学でも言葉を教える学部と社会科学などを教える学部と二分したから、外から見るかぎり、ロシア語を教える教員が倍増したというのではないと思う。大阪外国語大学は大阪大学に吸収合併されたから、ロシア語を教える教員がやはり倍増したというのではないと思う。新潟県立大学の出番がきたのかなと我田引水で考えている次第である。太平洋大学からは毎年客員教授としてハバロフスクから来ていただいている。それに学生ももうすこし長く留学できるように仕組みを整えたいし、あちらからも留学生をしっかりと受け入れる体制を作りたい。日本人はロシア語が苦手、難しいという人が多い。

私自身もロシア語を一時習得したのであるが、忘却するには容易な言語だという印象が強い。これは日本人が外国語をよくしない時に使う言い訳に過ぎないと思う。だらしがないと思う。

英国の大学は授業料がいやに高くなった。とりわけ留学生には高くなった。そこで英国人が考えたことは中国に英国人が英国式に教える大学分校を作ることである。寧波《ニンポウ》（上海の対岸の港で、日本との交易でも有名な都市）にノッティンガム大学寧波分校を作った。英国よりも安くあがるだけでなく、寧波出身の香港の大金持ちの寄付などで立派なキャンパスもできた。

英国式がどこまでよいのか。世界大学ランキングで、トップ100校のうち20校ほどは英国の大学である。ノッティンガム大学もその20校のうちのひとつである。江蘇省出身の学生にはやはり授業料は安くなっているので非常に人気が高いらしい。

中国人エリートの子弟といっても、所得水準からいったら英国の大学に留学させる余裕のある方だけでない。なんとか安めに、しかししっかりとした教育を受けて一生の設計をしたいという学生が沢山いるのだと思う。第一、飛行機で長旅を必要としないことはかなり違ってくる。同様に、北朝鮮のエリート子弟も考えるらしい。北朝鮮出身の学生がかなりの数にのぼるらしい。ここに留学すると英語と中国語が両方とも上手になることも魅力のひとつらしい。

日本でも立命館アジア太平洋大学（大分県）は日本人学生と留学生が半々くらいで、なかなか繁盛しているらしい。すべて授業は英語である。日本では新機軸を打ち出している点で称賛に値する。日本でも立命館アジア太平洋大学のような試みがなぜもっと広範になされないのだろうか。大きな障害が三つある。

第一、日本の大学自体が世界大学ランキングでみると、東京大学をみてもあれだけの歴史と予算規模があるのだから、もうすこしなんとかならないのかという感じである。ノーベル賞受賞者をみると、自力で大学の教育とはあまり関係なくもらった文学賞や平和賞を除くと、ほとんどの受賞者は米国に移住してからの業績が決定的である。東京大学の教育や研究でノーベル賞へと到達したのはつい最近までただひとりだったと思う。いつまでも途上国のパターンのようである。東京大学以外の有力大学のなかで途上国の受賞パターンを卒業している大学が増加しているようである。

第二、日本の大学は授業を日本語でやる。英語でやる授業もなくはないが、英語だけしかできなくとも両方できる学生とくらべてもハンディにならないというわけには絶対にいかない。教員自体が英語使用について頑強な抵抗派になっていることである。科学や医学では英語で学術論文を刊行しないと地球学術共同体（世界の一流学者）から相手にもされない。それでも大抵の教員は日本語で書いて、英語にそれから直して学術誌に投稿するのが普通みたいである。人文学や社会科学の多くの分野ではそれさえせず、圧倒的な数の教員は世界に相手にされている学術誌には稀にしか掲載されない。教員の新規採用は日本語と英語がしっかりとしていることを確認してからにすべきだと思う。そうでなければ、どんなにいい研究業績をあげても日本はかわいそうなくらいに過少に評価される。

第三、学生については日本語と英語の力量を質的に向上させないと日本の大学は小学校をモデルにしているようなものだから、勉強をしない学生やできない学生をなんとか救おうとして、大学としての教育や研究ができない学生に焦点をあてる方向に行く。そのこと自体は崇高なものであるが、大学は小学校とは違う。最高学府として世界でも最高水準の教育と研究を推進する大学もなければならないと思う。

2012/7/14

大学はキャリア・デザインの手助け

高校生はどのように考えて大学を選ぶのだろうか。全国模擬試験の偏差値で志望校を決めるのは第一次のふるいだろう。次にどの大学にするかとなると、意外と難しい。多くの大学のウェブサイトは、受験生が知りたいだろうことをあまり知らせてくれていない気がする。大学がどこにあるか、どのような交通機関を使うとよいかなどをパッとわかるようになっていないようなダメな大学も多い。

どのような先生が何をどのような形で教えているかについて丁寧なところは少ない。これは驚きである。先生がどの分野を得意とし、どのような研究業績をあげ、演習ではどのような主題を学生とともに手掛けているか、趣味はなにかなどはあってもよさそうである。ユーザー・フレンドリーのウェブサイトは少ない。

大学は、学部はそして学科はどのようなことをウリとしているか。これも学長の有り難そうで曖昧な言葉は別として、受験生（在学生ではない）にとってオペレーショナルにわかりにくいことがほとんどである

しかし、受験生はそれを知りたいのである。キャリア・デザインというと大袈裟だが、この一生なにをして飯を食うのかを決めようとする時に手掛かりがあまりない。偏差値とブランド、そして格という怪しげなものがある。よくわからないからブランドや格に頼る。

近代日本では「東大本位制」のようなものがある。ドル本位制みたいなものである。これほど怪しげなものはないともいえるが、これしか頼るものは無いのかもしれない。東大にいったからその次のステップが構想しやすくなるとはいいにくい。大学院に入ったとしても、次のステップを構想しやすくなるとはやはりいいにくい。

それを示すいい話がある。地方の県立高校は地盤沈下に一様に悩んでいるが、そこに目をつけ、東大本位制を切り崩すことを試みた。某県立高校は東大合格者6名、一橋大合格者1名位のランクである。一橋大と東大の順序を引っ繰り返した。一橋大に入れば同窓会が資金潤沢で卒業生にはオックスフォード大とかケンブリッジ大の大学院に行けるだけの奨学金を供与するということである。

受験生に日本の大学は次のステップと考えている人が増加している。外国で勉強したい学生は20年前に比して減少しているが、50年前に比しては増加している。さらに学生のなかでも、外国でなんとかして勉強して、本当にやりたいことをできるだけのパワーを身につけたいという人は格段に増加している。とりわけ、グローバル人材と掛け声だけは高くとも、日本の大学はそろいもそろって、最も苦手としているところである。

企業の方と話してみると、企業の方は日本の大学を信用していない気がする。何だかんだといって、日本人学生をあまり採用していない。外国語をとっても一つさえ（英語）満足に使えない。外国人を公募すれば、英語、母国語、そして日本語もできる学生が沢山いる。得意な分野にしても、日本人は狭く、狭くみずからを貶めているのに対して、外国人は元気良く広い分野に通じていることをアピールする。

こんな風に考えると、大学の広報が受験生の知りたいこと、とりわけキャリア・デザインをひそかに試みる時にしっかりとウェブサイトにも書き尽くすことが重要である。人畜無害であるが、何の足しにもならない美辞麗句をならべても大学の広報にもならないし、大学の生き残りにも通じない。

力と気迫

2012/8/18

グローバル人材の基本は、力と気迫ではないかと思われてくる。オリンピックの見すぎかもしれない。金メダルを獲得した柔道の松本薫と体操の内村航平を見ると、この二つ無くしてグローバル人材を考えることはできないと思う。力とは自分の全力を訓練し、勝負にそれを発揮する準備である。気迫とは勝負に臨む時の集中と意欲である。松本薫を見ていると、果敢に積極的でないとグローバル人材は無理だと思う。内村航平を見ていると、周到な訓練と平常心を保った集中がグローバル人材の基本だと思う。

グローバル化が凄い勢いで進展している時、新興国が怒濤のような勢いで盛り上がって来るとき、最も重要なのは力と気迫である。柔道が礼儀と作法もなく、肉弾の争いに近くなっている。組み手の取り合いのなかで、相手の顎をボクシングのアッパー・カットと同じように打撃してしまう。相手の顎の近辺から血が滲み出る。良くも悪くもほとばしるエネルギーのぶつかり合いである。そのような情況では、やはり力と気迫が重要になる。新興国が台頭しているなかで、規則や慣行が次第に変化している。そのなかで、相手の変則的な攻撃に慣れていないのでは心が動揺しがちだし、体の弱さを露呈しやすい。

グローバル人材というと、コミュニケーション能力がハイライトされる。コミュニケーション能力の基本も、力と気迫である。自分が伝えたいメッセージをどこまで相手や聴衆に納得させることができるかである。その根底にあるのはやはり力と気迫である。

5月6月にクアラ・ルンプール、香港と北京で大きな国際会議に参加し、同じことを感じた。クアラ・ルンプールは「アジア太平洋ラウンドテーブル」というアジア太平洋地域のシンクタンクを軸とした会議、香港は「世界世論調査研究学会」という世論調査学の学会、北京は「世界平和フォーラム」という清華大学国際政治研究所主催の学術会議であった。オリンピックと国際学術会議に共通するのは、やはり力と気迫の違いである。

香港では「アジア・バロメーターの目標と達成」について15分の発表をした。クアラ・ルンプールでは「向こう20年のアジアの安全保障」について1時間半の発表をした。主催者に敬意を表して導入部はマレーシア語を使った。北京では「これから10年間の国家間関係の展開」、「紛争を予防するための協力」、「国連の役割」について各15分の発表を三回行った。主催者に敬意を表して導入部はいずれも中国語を使った。

私は発表を準備するに当たって、力と気迫をどのように表現するかに意を尽くした。いずれも発表は原稿を見ず、パワーポイントを使わず、聴衆を真っ正面から見据えて立ったまま、淀みなく報告した。導入部では現地語を使った。

北京では各国の首相、大統領、外相経験者なども多く発表した。ロシアの元外相イゴール・イヴァノフ、フランスの元首相ドミニック・ヴィユパンは、たいへん力と気迫のこもった発表であった。中国の習近平国家副主席（当時）の発表も正面参列目からしかと聞いた。中国の国際的な役割について積極的に支えることを前面に出した主張で、胡錦涛路線、外交部路線の明快な主張であった。

田舎出はハンディか

2012/10/13

私は田舎出である。生まれてはじめて東京に出てきたのは大学入試の前々日であった。東京の親類の家に、当時の第一次試験と第二次試験がすべて終わるまで一カ月間居候した。

田舎出のハンディがあるのは勉強の質と量だけではなかった。大都会での移動自体がはじめてで、戸惑うだけでなく、心身共に疲れた。それに試験場に無事に時間通りにたどり着くことが大きな仕事であった。電車がはじめてだったので、乗車も難儀で、降車のタイミングを逃し、終点に着いてから乗りなおして、試験場に着くありさまだった。

もう半世紀前のことだ。まだ有名受験校は東京の公立高校の天下だった。そのおかげで地方の公立高校の出番がかなりあったのである。

ところが今はどうなのか。有名受験校は東京と関西に集中し、上位30位の有名受験校でなければ、東京大学などにすらっと入りにくい。半世紀前には中学を出て、東京の高校に転校して東大を狙う人はいたのだろうけれども稀だった。今や地方の公立高校を完全に見限って東京に転校する人がかなりの数になっている。

さらにいえば、これからの趨勢は、日本の大学を見限って外国の大学を狙うということらしい。割合は1パーセントとか0・1パーセントだろう。数が小さくとも、グローバル人材養成の観点からは看過できない。グローバル人材などというのはもともと、これからも人口の1パーセントとかまちがっても数パーセントだろう。したがって、地方の公立高校から日本の有名大学を見限っていく若者の趨勢に注目する所以である。

日本の大学入学試験という、グローバル人材に必要ないろいろなもののなかである種の試験に長けているだけの若者だけが日本の有名大学にいくとしたら、日本社会はこれから生き生きと元気良く発展していくことはないのだろう。地方の公立高校からハーバードやケンブリッジを目指すだけでなく、ニューヨークのファッション・デザイン大学を目指す、北京の大学を目指す、アジアの各地で写真を通して勉強することを目指すなど、一見変わった選択することがむしろグローバル人材輩出の秘密兵器になるのではないか。

はじめはオフロードを選ぶ若者が、いつのまにかハイロードに躍り出る――それがこの不確定性と迅速性そして強烈な複雑性をいつももっている現代社会に必要な人材なのではないか。

大学を比べる指標

2012/12/1

大学のランキングをみていて気になることがある。研究の量と質に焦点を当てた指標が少ないことだ。ノーベル医学賞を授与された京都大学の山中教授のおかげで、この指標の重要性が注目されている。

情報学研究所の根岸正光教授の論文（『情報知識学会誌』２００９年）によると、国立大学でも国際的にも強い研究を実施している大学と、そうでもない大学の格差はひどく大きくなっている。指標はトムソン・ロイターの指標を使っている。一流学術雑誌に引用されている論文の頻度がその中核にある。被引用頻度が高ければ高いほど注目されている、読むに値するということだから、そのような引用される度合いの高い論文の著者は学問的に競争的だということになる。根岸教授は日本の国立大学のランキングを示しているが、こういう統計は今まであまり見なかった。

この論文には分析されていない私立大学とか公立大学はどうなっているのだろうか。新潟県立大学を対象にした新潟県の外部評価委員会（委員長、田中明彦国際協力機構理事長）はグーグル・スカラーの指標を使って被引用頻度を出している。どこまでエクイヴァレンスがトムソン・ロイターとグーグル・スカラーの間であるか精密にあるかどうかは、いまのところわからない。重要なことは一流学術雑誌を基に被引用頻度を測定していることは共通している。

いささか乱暴だが、グーグル・スカラーの指標を使って比較しよう。驚愕すべきは教員一人当たりの被引用頻度を新潟県立大学と有名国立大学について比較すると、新潟県立大学の数字はそう悪くないのである。教員80名、年間予算15億円の新潟県立大学は、たとえば教員6000人、年間予算2000億円の東京大学とくらべると、教員一人当たりの被引用頻度は8対12である。新潟県立大学をほかのいくつかの有名国立大学とくらべると、8対0・2とか8対2とかの例が出てくる。

教訓は何だろうか。大学は、国立、公立、私立にかかわらず、それぞれのなかでもピンからキリまである。研究の量と質をみるこのような指標にもっと注目しようではないか。そしてどこがいい大学かを見極める目を肥やそうではないか。

蛇足だが、公立大学は地方自治体に設置されており、文部科学省から全面的に支えられている国立大学や助成金をもらっている私立大学とは全然違う。公立大学は地方の小さな大学だと軽視され、東京の大きな大学は重視されるのでは、地域振興などは空疎な言葉になる。

【第2章】

県立大学の時代は到来した

熱血的な外国語指導

2013/2/9

新潟県立大学は提携大学を米国、カナダ、豪州などのほかに、韓国、中国、ロシアにも抱えている。私立韓国外国語大学（ソウル）、国立黒龍江大学（ハルビン）、国立太平洋大学（ハバロフスク）である。毎年客員教授を迎えて本学学生に教えてもらっている。

韓国語、中国語、ロシア語をきちんと学ぼうという学生は1学年で各20名くらいである。本学の学生も毎年何人か、単位互換制度の枠組みで1年留学している。昨秋も2名太平洋大学に留学した。単位互換制度なので、とにかくはじめからロシア語の世界でも大丈夫そうな学生に留学を認可している。

昨年夏まで一年間客員教授できていただいていたリュドミーラ・クラピーヴニク教授（ロシア語学部長）が別の用で新潟県立大学を訪問したついでに、本学の留学生の勉強状況をしっかりと報告してくれた。ありがたいことである。小柄でいつも頭髪にカチューシャをしている。厳しく、あたたかい先生で、リュドミーラのクラスを取る学生はとりわけロシア語の水準が高い。

トモチカ君はロシア語も上手で、留学生仲間、とりわけ韓国からの女子留学生に人気が高いという。モモコさんはやや苦戦した。クラスでもロシア語が思うように聞き取れない日が続いて授業中に眼から涙が自然と滲み出る日が続いたのだそうである。リュドミーラ・クラピーヴニク先生は毎朝8時研究室で特別授業をするからと、モモコさんにすすめる。成果あって、軌道に乗ってモモコさんもいまは幸せという。

私自身外国語では学生の時にいろいろな経験をしたが、先生が教えることに情熱を持つ厳しい先生が一番だと思う。中国からの東北大学への留学生、魯迅は藤野厳九郎先生に稚拙な日本語の文章をしっかりと添削してもらった経験が、日本人の一番深い印象となったことを後日述べている。グローバル人材で表面的な制度的なことを議論するのもよいが、日本の外国語教育が駄目なのは結局外国語の熱血教師が十分な数いないからだと思う。

2013/3/27

県立大学の時代は到来した

卒業式はなにかの始まりである。卒業して社会人として出発する。新潟県立大学は2009年4月に開設されたから2013年3月に第一期生が卒業する。学長の私にとってもはじめての卒業式であり、感慨深い。

学長になることが内定していた2008年5月、雑誌『文芸春秋』に「来年学長になります」という小文を書くチャンスがあった。そのなかで、大胆不敵にも「県立大学の時代が到来した」、「地方が、地方の力で、地方のために、大学が作られる時代の曙に我々は立っている」と私は書いている。高校や大学の同期生のなかには、まだ大学ができてもいないうちから、あまりいい加減な、能天気なことを書いているとバチが当たるぞと忠告する悪友もいた。2013年3月の時点でその小文をみて、その意気もその理想も良かったとひそかに思う。

第一、入学試験の志願者倍率は過去5回平均で10倍以上である。世間の評判は高く、県内外出身者のバランスも6対4でちょうどよい。第二、学生の授業内容等満足度は83％である。全国800余りの大学のなかでもトップ・レベルである。教員と学生の比率が大変良いことが効いているのだろう。学生食堂を第四年目に皆様のご支援で完成させたのも効いているだろう。なによりも、教職員も学生も一生懸命に大学を良くしようと工夫努力しているのである。第三、学生の就職内定率は94％である。県内外のバランスは県内7割、県外3割でちょうどよい。留学や進学が6％だから、実質100％の就職内定率である。しかも、就職先として県内優良企業を軒並み制覇（少し大袈裟だが）しているのみならず、HISとか東京海上火災とかJR東日本もある。第四、留学面でも、英語圏のみならず、ロシア、中国、韓国に長期・短期滞在している。言葉の勉強だけでなく、学生の人柄、勉学の勤勉さ、積極的な生活態度など、米国ミネソタの田舎のホスト・ファミリーやロシア・ババロフスクの大学学部長から、心のこもったお手紙を戴いている。第五、進学先でも県内の国立大学大学院だけでなく、東京大学、筑波大学、英国のブラドフォード大学などの大学院が含まれる。

卒業式ははじまりでしかない。これからの人生で、「どんな課題にもたじろがない全天候型の卒業生を作りたい」と2008年5月号の『文芸春秋』に私は書いた。このことは私の今の気持ちでもある。その気持ちは学長の私が勝手に抱いているのではない。在校生が学生歌を作詩作曲し、音楽の先生に編曲してもらってCDにした。今年の卒業式で在校生が初めての卒業生に心を込めて合唱する。間違いなく、県立大学の時代は到来したのである。

キャンパスで希望をつかもう

2013/5/18

世間の期待する大学の教育とはどんなものか。半世紀前私自身が学生だったころには「白紙」で就職してほしい、変な考えをつけないで素直で勤勉で協調的な人がよいというイメージだった。今はグローバル化の押し寄せるなか「即戦力」がほしいという。応用化学だけでなく、コンピュータ・サイエンスも機械工学も出来てほしい、それに英語をきちんと使えてほしいし、できたら海外直接投資の現地語（中国語かインドネシア語かスペイン語かなにか）もできてほしいというのである。

半世紀前とは真逆なだけでなく、欲張りになっている。大学に期待することが大きくなっているだけでなく、スーパーマーケットで食材料をかごにいれる感じである。大学は大学で、授業の科目数は非常に多くなり、初級、中級、上級あるいは基礎、応用、実地経験などという同じ科目でも難度で受講する学生を分類し、教育効果が上がるような工夫が意外と少ないし、学んだことの概念的な結合を手伝ってくれることも少なめである。そんな中で学生は受験勉強のノリで片づけながらも、大学の学習の意味付けに懐疑心をもっているのではないだろうか。

新潟県立大学で学生を観察して気づいたことを紹介したい。新潟県立大学は2013年3月にはじめて卒業生をだすことができた。そのなかの一人の学生のプロファイルが私の目に止まった。在学中はアルバイトで忙しかったらしいが、其れ自体が一石三鳥だった。就職したのは大きな旅行会社だが、その大きな旅行会社のパッケージ旅行にアルバイトでかせいだ資金を投入して何回も海外旅行を経験している。知識だけでなく、経験が圧倒的なので、他の受験生を問題にしなかったのだろう。在校生のなかでシンガー・ソングライター志望の人がいる。学内で学生歌をつくる機運のなかで、応募し、当選した。音楽の教授に編曲してもらい、合唱隊をつくり、自分でリード・ヴォーカルとしてCDを作った。さわやかであざやかで、しかもメロディーも歌詞も聞かせるなかなかの出来である。卒業式でこの合唱隊が「明日の向こうに」と題された歌を卒業生に送ったのである。私はこのCDを名刺と一緒に使っている。このような学生はイキイキ、溌剌としている。

ジョン・スチュアート・ミル（19世紀のスコットランドの哲学者）がセント・アンドルース大学の名誉学長就任演説にいうように、大学で学ぶことは利害を超越した報酬があると前置きし、それは「諸君が人生に対してますます深く、ますます多種多様な興味を感ずるようになる」ことであると聴衆のスタンディング・オヴェイションのなかで演説を終えている。

その通りである。興味を多種多様にし、それを上手に結合させ、自分の興味を人生で追求し、職業でも生かし、そして楽しむようにする。新潟県立大学の第一のモットーは「キャンパス・ライフで希望をつかもう」というものである

2013/7/6

英語を学ぶ余裕を

日本の大学で顕著なことは、入学試験が一番重要な行事なことである。入学試験を実施するために教員は相当な時間を使う。大学自身志願者が多いことがその大学の評判の指標でもあるし、大学の財政の糧ともなる。このところ、さらに就職活動がそれに劣らぬ大学の行事となっている。卒業生に大学の思い出を聞くと、就職活動が高くでる。これでは大学は入学試験と就職活動から成り立ち、その他は付録のような感じになりかねない。とりわけ私の興味を引いたのはグローバル人財創出という課題である。

教養とスキル、くわえて英語がその要素として考えられるが、なかなか思うようにいかないのが英語である。新潟県立大学で人気の高い行事のひとつに、米国の田舎にホーム・ステイをしながら英語に慣れる仕組みがある。現地の大学にこの目的のために通って英語で授業をとる普通の仕組みである。違うのはホスト・ファミリーである。これがとても良い。問題は多くのホスト・ファミリーを長く確保しにくいことである。しかも何ヵ月も留学させるだけの余裕が大学のカレンダーにないことである。どうしても夏休みとか春休みの時期になる。

ここでふと思いついたのが入学試験期間を縮小して、教員をその負担から少しでも解放し、学生と一緒に英語研修に行けたらと思ったのである。教員も学生も英語の実力を飛躍的に向上させようというのが国民的スローガンになりそうな気配である。

そこで、大学カレンダーのなかで入学試験シーズンの一部を海外留学研修とし、大学の単位をしっかりと付与し、一定の奨学金を教員に対しても学生に対しても利用出来るようにして、英語向上に資することは出来ないかと密かに考える。この仕組みの良さそうなことは国内だけでウジウジと英語の先生と格闘するだけでなく、海外の空気、家族、キャンパスの匂いをかいで、単位を一生懸命になって取ることである。

グローバル人財創出で重要なことは制度を変更することから始めないことである。制度の変更は誰もが容易に反対者になりうる。現状を変更することには、乱高下の経済指標を目の前にして、将来不安が密かによぎる。そうではなく、目標を高く掲げて、それに少しでも近づける仕組みを考えていくことがまず重要である。大学のカレンダーと学期制度の根幹を変更するように、はじめから制度の変更についての討論をやろうとしても、うまくいかない。あらゆる理屈で現状変更を短期的な視野から拒否する人を増やすことになりかねない。

起承展展結のススメ

2013/8/19

起承転結のまちがいではないかと仰る貴方は正しい。私は伝統的な日本の起承転結の教えは、このグローバル化の時代には得することはないと思う。まず問題意識が起である。承はそれを受けて反応するところである。ここが重要である。何を言いたいかをはっきりと出す。転は角度をかえてみることである。そして結で終わりである。

ところが海外に発信する時には、転回の転でなくて、展開の展でなくてはならないというのが私の考えである。とにかく論理と議論を真っ直ぐ明快に伝えることが先決である。起承転結でなくて、起承展展結くらいが丁度良い。グローバル化の時代では、英語になっても伝わるような日本語にしなければならない。起承転結では誤解の基になる。あくまでも起承展展結がよい。議論の展開はまっすぐがよい。そうでなくとも日本語は英語に直してもらうと伝わりにくい。日本語で書くときにも起承展展結で構成したらといつも思う。

どうしてこんなことを言うのか。このところ、学生の書いたものをみる機会があった。大過なく、淡々と書いてあるものが多い。他人のことを気にしながら、よく纏まっているという感想である。しかし、何かが物足りない。第一、起承展展結の展展が大体ものたらない。これでもか、これでもかとどうして私はこの議論をするのか、その論理構成はこうなのだと展開してほしいのである。第二、論理は明快でも意気込みがあまり感じられない。元気がない。感動がない。只、粛々と作業は進むといった感じである。

どうしてこんなことになったのだろうか。いろいろ要因はあげられる。第一、組織のなかで他人から良くも悪くも突出したと思われたくないのだろうか。第二、世代的に獰猛で野蛮な団塊世代とは異質の草食系の日本人が出来ているのだろうか。第三、義務教育でも高等教育でも、日本社会では夏休みの日記や読書感想文はあっても、こうだからそうなのだ、それに決まっていると、喧々諤々と議論を論理構成と気合をこめて文章を綴ることの練習が少ないせいなのだろうか。第四、日本語では場面や状況に相応しい表現が強く存在し、その意味で無難な表現が好まれすぎなのだろうか。個人の感動や激情などがあると却ってまずいのだろうか。

グローバル人材の養成が叫ばれるなかで、一つの方法として、起承展展結でものを書く練習をすることを進めたい。義務教育でも高等教育でも起承展展結運動が広まったら、掛け声だけで中身のないグローバル人材養成運動に少しばかりの活を入れることになると思う。

2013/9/5

さるすべりの桃色の花

酷暑の中でも百日紅《さるすべり》の桃色の花が涼しく咲いている。

新潟県立大学は設立第5年目、節目である。学生の就職もとても良かったし、大学センター試験での偏差値も静かに引き続き上がっているようだ。

こういう時だからこそ、新潟県立大学は教育と研究の土台をしっかり固めたいと思う。学生が将来設計する時のきっかけを、教育のなかでしっかりと作れたらと思っている。同時に、日頃から好奇心に駆動されて研究を推し進めている教員の授業は熱の入ったものになる。

昨年設立し、今年から活動を静かに始めている小さな組織を紹介したい。新潟県立大学実証政治学研究センターである。課題は三つ。第一、政治と国際関係について実証政治学の共同研究プロジェクトを執行し、刊行につなげること。第二、世論調査、応用ミクロ計量経済学、エージェント・シミュレーション、行動神経政治学、行動神経経済学、社会物理学、政治学方法論などの専門家による研究集会を開催し、刊行につなげること。第三、国内外の一流研究者を招聘する国際学術シンポジウムを開催し、刊行につなげること。国際比較世論調査、脳神経科学と社会科学、理論モデルの統計的推定などを考えている。

大学はあくまでも小さいから、それに時世が時世だから、ゆっくりとすすめたいと思っている。地方の小さな大学でも工夫と努力で、財政力の絶対的な窮乏を克服する方法のひとつを示せるのではないかと思う。同時に、元気と勇気を与える教育をしている大学をもっていることが、地域の、日本の、世界の一つの小さな軸となって、小さな地域をサムシングにする契機のひとつとすることができるのではないかと夢想している。金木犀の告げる秋を待望して。

名もなく貧しく美しく

2013/10/12

全国に80を数える公立大学がある。国公私立大学などというが、国立大学は予算も巨大で、人員（教職員と学生）も巨大、そして歴史も長い。私立は巨大な大学もあるが、8割以上は大から小までいろいろである。それにくらべて公立大学は、いくつかの例外を除いて予算は口に出せないくらい小さいし、人員も可哀相なくらい少ないし、歴史は非常に短い。予算からいうと、文部科学省が責任をもつのは国立大学だけで、私立大学は私学助成分だけ、公立大学はゼロである。国公私大学に開かれている科学研究費などいくつかあるが、競争的資金獲得となると、国立大学が圧倒的に強い。これは私自身が大学学長になってわかったことである。

戦争直後、高峰秀子主演の灯台守の映画があったことを思い出す。タイトルは『名もなく貧しく美しく』だったと思う。新潟県立大学は開設（2009年）時は、「名もなく」だけだった。でも2013年になってみると、なにか変わってきている。戦後直後の日本社会の様子に少し似たところだと思う。灰塵のなかから蠢くなにかである。予算は年間15億円、人員は教職員100人で学生1000人、歴史は戦後直後の1950年前後といったらいいのだろうか。でも新潟県立大学はこのような数字とは別の、高峰秀子のような「名もなく、貧しく、美しく」といってもよいところがある。一生懸命に、しかし焦らずに着実に成長に励むところである。

開設後しばらくした2012年に校歌をつくったらという声があがり、これに対して、偉い作詩家・作曲家に頼まずに、学生からの公募にしようと決めた。学生たちは歌にでてくるべき語彙（新潟県立大学に相応しい）を出し合い、ハ長調の素晴らしい作曲（NHKのど自慢で鐘三つを鳴らした、シンガー・ソング・ライター志望の学生の手による）で、2013年3月の卒業式に在校生の合唱団が卒業生に向かって気持ちを込めて歌った。250名の卒業生、750名の在校生、100名の教職員、そして300人の卒業生保護者が場所も小さく、暖房も不十分な古い体育館で、大きな感激が生まれ、皆が一体になったのである。

教育でも研究でも地域連携でもなんでも、小さめだが着実に進めている。研究面では2012年末に「実証政治学研究センター」を開設した。これは科学研究費をなかなかとれず、大学の少ない予算から少しでも研究推進の足しになればという目的を持っている。科学研究費は額の小さい基盤Cなどが10～20件とれるくらいの大学である。しかし、新潟県立大学の教員の論文被引用頻度は外部評価委員会が目標として上げた数値の20倍の数値を記録した。国立大学の多くの論文被引用頻度がこのところさらに低下していると報道されている。新潟県立大学はまったく逆方向に累進している。

また、2013年にはいって、大学全体でみると、「月刊新潟県立大学」という分厚い雑誌が出たのではないかと思わせるほどに、重厚な学術書が夏ごろから毎月のごとく一流の出版社から刊行されている。世の中先は分からないものである。実証政治学とは、規範政治学とか政策政治学とは一線を画する、世の中はこういう風に動いているという経験的現実を分析するものであって、「こうあるべきだ」とか「こうせえ、ああせえ」というのではない。その意味で地味なものである。しかし、「灯台」のように、世の中に灯をともしていくのが大学の役割ではないか。

地域連携でも２０１３年春、新潟県立大学は日本文学者、コロンビア大学ドナルド・キーン教授の講演会を、２０１３年秋、ハーバード大学社会学者、エズラ・ボーゲル教授の講演会を新潟日報とともに主催して、新潟県民に「新潟県立大学は意外にいいみたいだね」とつぶやかせた。新潟県立大学は、高峰秀子の灯台のように、小さいけれども、地域に根ざし、世界に飛び立とうというスローガンの下、世の中のためになり、しかも学問の進展にも細細とではあれ、寄与しているのである。

2013/11/5

沈丁花と金木犀

酷暑の夏、台風の秋に襲われて一番残念だったのは、四季の折々に私の大好きな花の存在が薄れていったような感じになったことだ。

春から夏、梅雨のなかで白い花としみいる匂いを放つ沈丁花《じんちょうげ》、それに彼岸花のころから秋の最中まで黄金色の花と辺りを制するかのような匂いの金木犀《きんもくせい》。酷暑のために沈丁花はすぐに後退した。大雨のために、金木犀の花はあっと言う間に地面に叩きつけられた。

そのなかで新潟県立大学のことを考えていた。戦争直後「名もなく、貧しく、美しく」という映画を思い出す方もいるだろう。高峰秀子主演の灯台守の話である。新潟県立大学はこれだと思った。文字通り、名もなく、貧しく、美しくである。「県立女子短大」が全国の平均からはるかに遅れて「四大」になっている出自、地方自治体の、そうでなくとも苦しい財政への後ろめたい依存、所与の運命のなかで一生懸命に生き抜こうとしていること――県立大学の生きざまそのものである。

人口減少、産業弱体化、地方交付金大幅削減の悪夢のなかで、地方衰退は目に見える形で進んでいる。だからこそ、「地域に根ざし、世界に羽ばたく」――そういう卒業生をだそうと思う。そのためには、県立大学がサムシングであることを少しでも世の中に示すしかない。そのためには教職員の力、そして学生の力を借りることが大切だ。世の中の大学に対する評判が重要である。「新潟県立大学は、意外といいね」という認識が広まれば、そして深まれば、変化がはじまる。まず、受験試験の偏差値が上がりはじめ、過去5年間ゆっくりだが、着実に上昇していくこと。これが第一の矢である。

次に、就職がうまくこと。世間が「意外といいね」と認識していくこと。これが第二の矢だ。第一の矢も第二の矢も成功に導くのは大変である。しかし、一番難しいのは第三の矢だ。第三の矢が着実に、強力に印象的に放たれる必要がある。新潟県立大学は、死ぬのではないかともがいているところである。

第三の矢は自分の力（学力だけでなく、魅力といったほうがよいのかもしれない）を自らの手で着実に向上させることである。これは学生についても教職員についても言えることだ。これは財政がついてくるわけではないから、そもそも難題なのだ。方法はともかく、そこをなんとか突破することが重要だ。名もなく、貧しく、美しくだなあと感ずる所以である。

世間ではガバナンスとかコンプライアンスに必要以上の強調がかけられているが、新潟県立大学ではむしろ学生、教職員の力をどう向上させるかに焦点を当てている。教職員の採用は大学の将来を少しでも視野に入れたものにしたい。学生を動機づけるには、学生の元気、勇気、前向きが大学を変え、世間の認識を変えることに繋がることを認識してもらうことが重要だ。

第三の矢が一番難しいとしても、第一の矢、第二の矢はどうなのか。第一の矢は一人一人が勇気、元気をもって前に進むことだ。学生、教職員そして学長も明るく、元気に、勇気をもって歩みを続けることだ。

「木球部」が日本で準優勝、公募で選ばれた大学の学生歌はＮＨＫで三つカネを鳴らしたシングソングライター志望の在校生が作り、極北のシベリアの地で零下40度にめげず、ロシア人教授の「朝一」特訓（8時から9時）に耐えた留学生――これらが励みになる。教職員でいえば、誰にも知られざる奥深い学術研究書を文部科学省出版助成で刊行できた教員、国際学会で学術的貢献を評価され、その組織の幹部になっている教員、就職のために就職先の情報を正確に時宜よく伝える仕組みを開発した職員など、すべて第一の矢である。

加えて、学長の私も、書くものすべて、話すことすべて、新潟県立大学を少しでも知られるよう、よく認識されるよう、務めるのも第一の矢だ。

第二の矢は第一の矢より弱々しい財政に難がある。開設したもらった新潟県に頼ろうにも、地方政府財政の窮乏と中央政府の政策路線（とりわけトップ20とかトップ30に限って日本の大学教育を考える路線）からみても、第二の矢は細々しいものにならざるをえない。そのなかでも、日本中で「新潟県立大学は意外といいみたいね」というつぶやきが大きな力となっている。「財政支援」がなくとも「口先支援」でなんとか乗り切るしかない。

こんな風に考えてまた一日が過ぎる。新潟県立大学は「名もなく、貧しく、美しく」生きている。世の中は大変動の直中《ただなか》に入り始めている感じがする。株価は午年に下がることが少なくないそうだ。そうであれば、学生の面倒をよくみ、健康に気をつけ、災害にもレジリエントな家族、職場、近所をつくることが多分もっと重要になるのではないか。

来年の沈丁花と金木犀が今年よりも美しく咲くことを願って。

2013/11/26

人材は地方に在り

教師の職業病は「聞く力」の弱いことではないだろうか。阿川佐和子さんの本を読むと、このことを実感する。職務柄、人と会うことがかなりある。人をみると、どんな方なんだろうとひそかに考える。面接などでどんな質問をしたら、標的をまちがいなく射ることができるのだろうか。入学試験でどんな質問をしたら、受験生の狭い学力だけでなく、広い能力とか魅力まで見透せるのだろうか。こちらには聞く力が大してないのにこういうことを考えてしまう。

よくわかっていることは現在の入学試験は狭い学力、常識的な知識を知っているかを測定する。大学の入学試験だけでなく、高校でも中学校でも小学校でも似たようなものである。公務員試験も似たようなものではないか。そんなものはパブロフの反応実験みたいなものではないか。入学試験、資格試験で反応実験をしているだけではないか。それに受かったからといって、どうだというのだ。

そういう風に世の中の人々が考えはじめて、入学試験にもうすこし違った側面を測定出来るようにできまいかと提案がでている。大学入試の新共通テストである。創造性、リーダー力なども測定したいというから、野心的である。そのこと自体、大変いいイニシアティブである。歓迎したい。しかし、それも結局、筆記試験問題という形態の質問になる。面接試験といっても、官僚的に形式を整えた質問のねらいみたいなのが決められて、面接では機械的に質問することになるのではないか。

そういうパブロフの実験に強い受験生が集まる高校が受験有名校で、東京に集中している。平均してみると、地方の受験生はとてもかなわない。地方出身の私はそのことが一番深刻な問題だと実感する。地方の受験生もそれをよく承知しているから、高校から東京の受験校に進学する中学生が、地方でしずかに増加の一途である。それは家計の財政力とか東京にいる親戚の寛容度とかにもよるが、大変なことになっている。地方の高校はそういう受験生から次第に見捨てられているのである。

しかしである。パブロフの実験の優等生でないから、その受験生がダメなのか。そうでないことの方が多いと私は自信をもっていえる。そういう受験高校から大量に進学する大学はなにかもの足らない卒業生を大量に生産しているのではないか。企業や官庁もそのことにうすうす気がついてきた。そうなのである。

時代の要請は創造性やリーダー力である。環境激変適応力であり、組織活性化能力である。そういう能力や魅力のある受験生はパブロフの実験に強い学生だけ集まっている大学にそもそもなかなかはいれない。しかし、環境激変適応力や組織活性化能力を大学時代に経験していくことが重要なのではないか。それが大学生活の優先順位なのではないか。われわれの課題は大学で時代の要請に答えるようなカリキュラムを国際的にも競争的なものにすることではないか。何でも入学試験で人を選別するのではないと思う。大学には自由にやってもらうが、卒業生を選定するのは世の中に任せるようにしたらと思う。

私の結論はパブロフの実験に強くはないが、環境激変適応力や組織活性化能力を身につけようとする学生は地方に多い。人材は地方に在り。

【第3章】
大学評価は研究成果に焦点を

グローバル人材

2014/1/18

グローバル人材というと、英語ができるかどうか、TOEFLが何点かという質問がくる。あまりにも狭い視点になりやすい。グローバルとは、地球全体を見るような広い視点が求められているのである。英語が話せても日本の歴史や文化を知らなくてはグローバル人材ではない、というような議論がすぐに出てくる。そして英語をしっかりと身につけようとする学生のやる気を削いでしまう。グローバルとは広いだけでなく、自分の慣れた日常とは異質な事にも人にもジタバタしないような人を指す。

日本社会は地球のなかでは日本語の通ずる1パーセントくらいの人口を相手にしている。言葉を問題にするのは正しい。しかし、グローバルとは想定外の事柄が生起しても、大騒ぎしないで対処できることを指すのではないか。私の考えでは、想定外の展開にもガタガタしない全天候型人材をグローバル人材という。雨が降っても、槍が飛んできても対処できるような人材である。

その要素はなんといっても体力と胆力である。企画力と突破力である。それらを支える知力と表現力である。身体が軟弱であればそれを補う魅力や強さがほしい。地球は魑魅魍魎《ちみもうりょう》のあふれたものであるから、小さなことに動じない肝っ玉がほしい。何もなくてもアイデアを繋げるだけの想像力と、それを現実に繋げる実行力がほしい。それを下から支えるのは大学までに学んだ知的なパワーであり、多様な相手を理解させることができる言葉使用能力である。それを育むのは好奇心と、それを追求する持続的な工夫と努力である。ずっと見慣れた世界だけに住んでいると、好奇心は起きにくい。

私事で恐縮だが、半世紀前、入学試験で生まれて始めて田舎から上京したのは試験日の2日前だった。高校の時は模擬試験などその存在も知らなかった。

その頃の高校は成績順にクラス分けをしていた。一学年に8クラスあったのだが、私は学年が進むごとに、E、G、Hと成績の悪いクラスに分けられた。内心焦ったがどうしようもない。でも基本的に胆力で乗り切った。高校で私よりももっと成績がよい仲間を沢山差し置いて、東大の入学試験は通った。

その後米国に留学中、表現力が極度に弱くて困った。モタモタしているうちに幼稚で場違いな発言しかできなくて、ひややかな嘲笑を買うこともあった。若い教師になってからも外国の会議で「日本の歴史的負債」について意地悪にしつこくコメントされ壇上で往生した。国内でも組織内のずるい企みに巻き込まれても、半沢直樹になれるわけもなく、意地悪をした人は必ず来世に天罰が落ちると信じてきた。

しかし、それは自分の弱いところを気づかせるよいきっかけでもあった。そのおかげで、今の私があると考えている。グローバル人材とは、想定外が溢れている世界で全天候型に生きられる人のことだと、私は思う。

発想力育む大学に

2014/3/8

大学の在り方が岐路に立っている。それは単純にいえば、経済が大量生産、大量消費の時代ではなくなっていることに適応していないために大きな問題となっている。

経済社会は二つの点で変化が際立つ。第一、クライアントの選好にしっかりと寄り添ったテイラー・メイドが伸びている。第二、技術水準は高度で先端的なものでないと短期的にはともかく、中長期的には競争に生き残れない。

企業は消費者選好に感性を強めると同時に、最新の科学技術を創造し、消化し、応用することに必死である。総合科学技術会議がイノベーションを積極的にとりあげる方向に向かっているのはこの趨勢に真剣に対峙しようとしている点で歓迎である。ところが大学自体は大量生産、大量消費の時代をモデルにしていた。その時代が終わっても大学は自己防衛に巧みだったために、まだそのモデルを残している。

国立大学の工学部は高度成長時代に着実な拡張に成功し、その後も規模を維持している。私立大学を中心とする法学部や経済学部は大量の学生を吸収したが、時代が変わっても大規模なままである。知識だけでなく、感性も豊かにするためには大学4年間いろいろな分野に顔を突っ込み、広く深く勉強しなければならない。いわゆるリベラル・アーツである。そのなかには科学も当然に入っていなければならない。

科学技術の先端の創造、吸収、そして応用を身に付けるためには大学院で博士号をとらなければならない。博士号があるとかえって就職もできなくなるといって駄目にしているのは大学と企業であって、イノベーションを成し遂げようとする若者の好奇心と情熱を抑制すべきではないだろう。抑制は科学技術水準を低めに低めにしているだけである。

日本はOECD加盟国のなかでもGDPに対する大学教育支出が一番低い。これからの大学教育を考える時、ノーベル賞を受賞した山中伸弥教授はこれからの素晴らしいモデルではないだろうか。歴史の長い、大きな大学は陋習《ろうしゅう》に喘ぎ、お互いの交流もあまりない、丸山真男の「たこつぼ社会」のよせあつめの状態をなかなか脱出できない、イノベーションが出にくいところである。異なる発想、異なる習慣の学者、研究者が混じり合うことから、山中教授の成功が生まれたのではないか。

たこつぼ社会に慣れた人にとっては、異なる発想や異なる習慣をもった学者、研究者が交流することは、厄介なことであり、辛いことである。大学も規模を小さく、異分野混交を活発にし、自由な発想、規制を緩和し、好奇心と情熱が駆動力になる大学にしていくことが重要である。

地方の教育を奮い立たせることが鍵

2014/7/5

先進国のなかでも、政府支出で見るかぎり、日本は政府が教育に熱心でないという。教育年数からみても先進国のなかで一番低い方である。20年もデフレが続いた後、人口減少がさらに加速化しそうな情勢下で、何をしたらよいのだろうか。

増田レポートは日本の人口過疎化に警鐘を鳴らした。人口過疎化のなかで政策的に優先順位を高く置くべきはなんなのだろう。高度成長など望むべくもない時代がしばらく続くとなったら、何が優先しなければならないのだろう。それは産業を軸にした都市作りから人間を軸とした都市作りへと大転換をすることである。より具体的には、人間生活の最低線を守るものとして、病院と大学を立派に地方地方で頑張らないといけないと思う。

1910年にフレクスナー・レポートが米国で出され、米国医学界の出発点といわれている。米国の19世紀中の発展は目ざましく、医学医療についてもボルティモア、ボストン、セント・ルイスなどの医療中核都市における病院は当時でも素晴らしいものであった。しかし、20世紀初頭、米国の病院で外科手術をすると生きて帰れるのはフィフティー・フィフティーとフレクスナー・レポートは言う。米国医療に檄を送ったレポートである。

20世紀に入り、麻酔の進歩、病原菌の発見、抗生物質の発見など、病気で死ぬ確率は確実に減少した。日本では第二次世界大戦後、医療の進歩が、衛生や栄養の向上の基礎の上に立って一気に寿命を長くした。しかし、人間はちょっとしたことで死ぬことには変わりがない。高齢化社会でもちょっとしたことで死ぬことには変わりがない。しっかりとした医師、看護師、医療補助師などと水準の高い医療機械、器具を備えた立派な病院がほしいと思うのは人情である。それなくして、地方過疎化は不可避である。

同時に、立派な大学がないと、子供に良い教育を与えることができない。地方在住の場合、東京の大学に入るか、地元の大学に入るかは家庭の経済事情による。日本の大学教育は、先進国で最低の関心と最低の政府支出を記録している。

問題はここまで技術進歩が目まぐるしい時に、ペンと紙さえあれば、立派な大学教育が可能であるというのは違うと思う。さまざまなスキルを高くしていくことによっても所得水準を向上させることができる時に、大学では半世紀前の現実に適合した大学教育を惰性で繰り返しているわけにはいかない。ここまでグローバル化が浸透している時に、日本語がちゃんとできれば問題なしということは違うと思う。知識を広く、深く獲得するためには日本語だけに頼っているのは危ないと思う。

子供に大学教育をしっかり授けることができなければ、その土地は意味がなくなる。意味がなくなればその地方の人口は減少する。経済ゼロ成長、人口減少が続く時に、大学教育をしっかりとさせることは、大学卒業後の雇用条件をよくすることに繋がる。次世代が勉強もしない、社会経験もない、人間関係に馴染めないというのでは、将来が暗くなってしまう。

ところが日本中の地方で過疎化が物凄い速度で進んでいるというのに、中央政府も地方自治体も大学教育の高度化充実にどれだけ真剣になっているのであろうか。地方が過疎になり、人口が東京に集中してもその東京は過労で次世代の人口増加に繋がることはなく、東京も少しのラグをともなって過疎になっていくのである。

そうならないためには地方で立派な病院と立派な大学をつくる運動をはじめようではないか。

人口過疎化、災害巨大化、製造業海外逃避

2014/10/1

酷暑もようやく収まりはじめたのか。あらゆる動物、植物がほっとしているようだ。秋の花は山百合、桔梗、沈丁花など目白押しである。

新潟県立大学は開設以来6年目。２０１５年4月には大学院開設を準備している。この10月には文部科学省から認可が下りるべく準備をすすめている。

公立大学は「清く、貧しく、美しく」の灯台守のように、地域の明かりとして、地域振興の軸として、一生懸命に工夫努力を重ねている。

日本社会が21世紀に入って眼につくことは、
1．人口過疎化

2. 災害巨大化多発
3. 製造業海外逃避

でないだろうか。どれをとっても、それぞれの地域が真剣に受け止め、工夫を重ねた取り組みが必要である。

人口過疎化に対しても、公立大学の役割の大きさが軽視されているようだ。地域に住む現世代にとっては立派な病院が不可欠で、それなくして人口過疎化の加速化はとどめることを知らない。同様に、立派な大学が地域になくては人口過疎化の加速化はとどめることが出来るはずもない。次世代のしっかりとした大学教育なしで、地域における人口過疎化は防げない。

災害巨大化多発についても、地域に住む人の平静な科学的な中長期的な分析と判断が欠かせない。それも国家として地球全体としての行動のひとつとして、考えることが不可欠だ。地域に根ざした立派な大学がその取り組みをしっかりと考えていくことも不可欠だ。地球的であると同時に、特殊地域的にきめ細かく対処していくことが必要である。国だけでなく、県だけでなく、市、町、村の機敏で迅速な取り組みが継続的に行われることが必要だ。地域に根ざした立派な大学の存在がこれほど必要になるところはない。

製造業海外逃避は避けられるものではないが、地域になんの産業なくしては存続できない。人口過疎化が加速されるだけである。高度成長時代によくみられた大量生産、大量消費に嵌まったままで、薄利多売を金科玉条にするのではなく、一方で企業組織の大胆な組み替えを試み、組織革新を実行すること、他方リサーチ・アンド・デベロップメントに本格的に取り組み、大地を揺るがす発明・発見を輩出することが必要になる。企業の大きな流れとその趨勢を正しく捉えることだ。地域に根ざした立派な大学があってこそ、産業大学の連携もできる。国だけの画一的集権的発想からはできにくいことである。

清く、貧しく、美しくの地域に根ざした立派な大学を目指している新潟県立大学は日本社会の大問題についてもなんらかの足しになるべく、日々研鑽、日々工夫の毎日だ。

大学の第一の基礎は、次世代を担う学生の教育である。知的な基盤がしっかりとしていない地域はろくなものにならない。かつての花形産業を抱えて胡座《あぐら》をかいている地域がどうなっただろうか。付加価値をつくるインフラのひとつは、地域で働く人々の知力である。知力を向上させるのは地域に根ざした立派な大学にしてできることである。新潟県立大学はこれを第一に目指している。

大学の第二の基礎は研究である。研究とは、よくは知られていない自然や社会や人間についての知識を大きく殖やし、疑問点を解明していくことだ。

すこしはずれるが、職場で同僚として働くには、勤勉や誠実など、性格が良いことがまず第一に重要となる。第二に、世の中の趨勢をよく理解していることが意外と重要である。狭い世界の認識図で、四苦八苦している企業は大体自業自得である。第三に、広い世界に打って出る覇気をもつことが不可欠だ。地域でチマチマと纏まっているだけでは生き延びられない。グローバル人材とは打って出る覇気だ。組織のトップになれる野心のある方はべつだが、その他大勢は世界に打って出るのに必要なスキルを持つべきだ。明快に論理的に情熱を込めて、自分の意思を伝達できることが重要となる。トップでないかぎり、外国語でしっかりと意思伝達ことが重要になる。第二と第三は立派な大学のできること。それに第一についても立派な大学を出た卒業生は、やはり大学で身につける場合が少なくない。

大学で必死になって、あるいは夢中になって研究をしている教員はその生き方を通じて、学生に多くを伝える。研究の第一線で頑張っている教員がいない大学は中長期的に停滞する。そういう意味で、研究費の獲得、学術書の刊行、学術論文の刊行はひとつの指標として有効である。新潟県立大学はこの点では特筆に値すると思う。たとえば、開設以来文部科学省科学研究費の獲得件数は6年間で4倍になった。英文学術書の刊行は２０１２~２０１４年の３年間で８冊、日本語での学術書の刊行はやはり３年間で８冊である。

教員は計80名だから、10名にひとりが英文学術書を刊行、10名にひとりが日文学術書を刊行しているということになる。英文学術雑誌を主宰している件数は2件、英文学術雑誌（オープン・アクセス）を主宰している件数も2件。日本語で学術雑誌を刊行しているのも2件ある。

２０１５年４月には大学院（国際地域学専攻の修士過程）を開設できるように準備している。認可されることを祈っている。開設を予期して、日英露中韓の５カ国語での学長メッセージを用意した。大学のトップでも、組織のその他大勢と同じようにスキルもしっかりともっていることは、清く、貧しく、美しくの公立大学の学長としては当然のことである。灯台守のように、世界からくる船に発信を絶やさない。グローバル人材といわれる学生が多くできるのは、学長が入学式の挨拶だけでなく、大学の窓拭きや海外放送をやるという姿勢が重要なのではないかと思う。猛暑の終わりでついつい長くなってしまった。秋は、読書の秋、食欲の秋でもある。夜更かしとともに、食べすぎには気をつけよう。

2014/10/1

アジアは幸福か

秋も深まり、読書の季節がはじまった。タイミングがよかったのだろうか。拙著『アジアの幸福度』（岩波書店、２０１４年）に大変に嬉しくなる感想や、今時本当にありがたくなるアドバイスをたくさんの方が送ってくださった。12歳の時に一年で6回もの開腹外科手術にも負けず、まだ生きて良かったと感ずるのはこういう時である。

実は、『アジアの幸福度』が刊行される前にも、何冊かの書物を刊行した。アジア・バロメーターのデータを使った学術論文を中心に私が編集したものである。

『アジアの情報分析大事典―幸福・信頼・医療・政治・国際関係・統計』（西村書店、２０１３年）。

The Quality of Life in Asia: A Comparison of Quality of Life in Asia（coauthored with Seiji Fujii），Dordrecht: Springer, 2012.

The Quality of Life in Confucian Asia: From Physical Welfare to Subjective Well-Being（Coedited with Doh Chull Shin）, Dordrecht: Springer, 2010.

"Asia,Quality of Life" and "Japan,Quality of Life" in Alex Michalos, ed., Encyclopedia of Quality of Life and Well-Being Research,12 vols., Dordrecht: Springer, 2014.

「生活の質」という研究分野は、インターディシプリナリー（学際的）な性格が強く、多くのことを学んだ。生物物理学の学者からは「離脱、発言、忠誠」の関係定式化を教わってこのようなものかと驚いたり、社会心理学者からはあまりにも多くの制御変数で実験実施していくことを知らされて被験者の理解を越えるのではないかと杞憂したりもした。

自分の書いた論文の被引用頻度数をGoogle Scholarという仕組みでみると、1987年から時々の停滞を見ながらも、まだどんどん増加している。誰が引用しているのか、どの学問分野の人が引用しているのか、すべてわかる。不思議な気がする。

2014年9月ベルリンで行われた「生活の質」研究国際学会（ISQOLS）の年次大会の席上、「Research Fellows Award」をもらった。1万人以上もいる会員でこの賞をもらっている学者は非常に少ないそうだ。一緒に同じ賞をもらった一人はブルッキングズ研究所のキャロル・グラハム博士であった。また別な賞の受賞者のひとりに、コロンビア大学のジェフリー・サックス教授もいた。大きな講演ホールで私の顔が大きく写り、新しい研究領域を開拓し、創造的に、大きなエネルギーで作り上げたとの授賞の説明があったそうだ。私は公務所用でベルリンまで行けなかったので、シンガポールの友人、タンビア博士からアジア人の誇りだといって写真が送られてきた。嬉しいことである。

これに先立つ9月初旬に、日本行動計量学会年次大会では、The Quality of Life in Asia（2012）に対して出版賞（杉山明子賞）をいただいた。ありがたいことである。これも公用で欠席したが、共著者の藤井誠二準教授に授賞式に出席していただいた。

田舎の小さな大学の学長をしている傍らの仕事である。それも高峰秀子の主演する灯台守の映画のように「清く、貧しく、美しく」をモットーにしている小さく、貧しい大学だから、窓拭きも、天気予報も、灯火の管理も、日記も、学長も大学の教職員と共に、一生懸命にやる毎日だ。

例えば、2015年から大学院修士過程の開設準備をしている。大学院は社会人も外国人留学生も入学したくなるようなものにする必要がある。私も半世紀前に短期間学習したロシア語、中国語、韓国語とそれよりも長く勉強した英語で、これからできる大学院がどんな特徴をもっているのか、積極的に留学生も受け入れたいと学長メッセージを大学のウェブサイトに載せた。クリックすれば、5カ国語で私が流暢に演説している。これも教員が翻訳してくれ、職員がウェブサイトに載せてくれるから出来ることである。

5カ国語以外にも、インドネシア語はガジャマダ大学で3カ月日本の政治を教えた時に習ったものだ。2012年6月クアラルンプールで演説をしたのだが、はじめの半ダースの文章は何も見ないでバハサ・インドネシア（バハサ・マレーシアと近似）で話した。ベトナム語は私が東京で学生の頃、東京外国語大学に通って1カ月間学習した。いつか使う機会がくるのを楽しみにしている。タイ語で演説したことがあるというと驚愕されるのだが、2000年5月バンコックで「アジア太平洋地域大学連合」とでも訳せる地域的国家間組織を立ち上げる演説を、はじめだけタイ語でやることになり、タイからの留学生に翻訳してもらって、テープレコーダーに吹き込んで30回くらい練習した。度胸があれば、練習をすれば、そのくらいのことは不可能ではない。タイの大学担当大臣が非常に喜んで演説後、握手を求めてきたのを覚えている。

私は昔取った杵柄をすこし練習して、なんとか許せる程度まで流暢に演説するだけの俳優みたいなものだ。グローバル人材などと大袈裟にいうまでもなく、外国語も言語、必要な程度に応じて必死に集中すればできるのだ。

それは目標ではなく、自己表現の一つのソフト・スキルに過ぎない。「清く、貧しく、美しく」をモットーとする大学は、学長も教員も職員もそれぞれがつかえる知力、感性、スキル、そして情熱を使って毎日を必死に生きていくしかないのである。そしてそのことが、地域振興の一つの軸として発展していくのではないかと思う今日この頃である。

2014/10/22

大学評価は研究成果に焦点を

インド首相のモディの2014年9月28日、ニューヨーク・ガーデン・スクウェア公園での演説をみた。ヒンズー語を英語になおした全文も読んだ。読み進むにしたがって、この演説は新潟県立大学の話に似ていると思った。

出身州首都アメダバードでは、自動力車は1キロメーターごとに10ルピーかかる。インドが成功裏に火星に打ち上げたロケットは1キロメーターごとに7ルピーしかかからない。それ位、大きな事業のわりには財政支出をこれほどかけずに成し遂げられたのは、インドの若者のタレントと強さであるというのである。モディは正しい。その通りであると思う。火星にロケットを打ち上げ、一定の仕事を火星で成し遂げたのは世界で米国とインドしかない。素晴らしい達成である。

日本の大学教育の話になると、文部科学省から研究費とか施設費とかいろいろなお金をだしてもらってというニュースが新聞などで溢れている。それが大学の優劣を決めているかのように報道されることが多いのは、問題なのではないだろうか。

それも重要ではあるが、問題にすべきは単位あたりの費用でどのくらいの成果を達成したかではないか。国からお金を沢山取ったといって喜んでもしようがないどころか、ここまで国家財政が危機的状況という時に、金を国から獲得したというだけではむしろ犯罪的ではないか。関心の示し方が完全に間違っていると思う。

企業でも官庁でも、それぞれの部局で本部からお金を獲得した場合、成果が問われるのが普通である。大学の場合、成果が問われずというのでは二重に犯罪的になる。第一、国家の財政危機の直中で、お金を使うだけでろくに成果が問われないというのはおかしい。第二、大学の組織による教育研究の成果は日常的に公開されるべきものではないだろうか。成果は企業と違ってわかりにくい。しかし、最低でも各教員についてグーグル・スカラー・サイテーションズ（被論文引用数）を公開し、学術書・学術論文の刊行を公開、そして政府や企業や民間財団からの研究施設獲得拡充資金額は公開すべきだろう。

新潟県立大学は教員一人当たりのグーグル・スカラー・サイテーションズ、教員一人当たりの英文学術書・英文学術論文の刊行では開設してから6年しか経っていないのに、日本の大学のなかでは素晴らしい数字を記録している。お金がないから、節約して質素に大学を運営している。インドが火星にロケットを成功裏に打ち上げたことが素晴らしいのに似ていると思う。

2014/11/22

米国留学で学んだこと——質問と手紙

大学教育研究でグローバル情報発信が重要だと叫ばれている。英語のＴＯＥＦＬとかＴＯＥＩＣのスコアを上げよ、もっと留学しろとか、グーグル・スカラー・サイテーションズ（被論文引用数）のスコアをあげろとかである。これらのスローガンは日本の大学の教育研究を考えると、まことにご尤もである。しかし、日常生活という地面に足を付けたところが希薄だと思う。私の米国留学の経験からこのことを考えてみたい。

米国留学経験で一番良かったことはなんだっただろう。考えてみて思いつくのは次のふたつ。

第一は、みんなと一緒に授業に出たり、研究発表に参加したことである。そのような時に、重要なのは質問である。みんなと一緒になにかを作るために参加しているのだから、質問やらコメントでその共同作業に少しでも役立ちたいということである。質問やコメントなしはその授業、その発表に無関心というだけでなく、共同作業に不参加ということを意味する。おかしな質問、的外れのコメント、失礼な質問など、あっても構わない。お互いに学習すればよいのだから。

以前、東京で元タイ外相、元アセアン事務総長のスリン・ピッスワンの講演を聴きにいった時、私はどうしても質問したいことがあった。2006年タイでは軍事クーデタがあったが、その前後2004年と2007年に、私はタイ全国で世論調査を実施した。社会制度、社会組織について信頼度を問うなかで、軍部への信頼度がほかの制度・組織にくらべて強いことがわかった。

2014年の軍事クーデタについて世論調査をまだ実施していないが、タイ国民の軍部信頼度は2004年、2007年ほど高いままなのか。これが私の質問である。スリン博士は、タイ民主主義はヨーヨー民主主義で軍政にいくかと思えば民主政になったり、また逆にもなる。ヨーヨーのようである。今回については軍政長期化の見通しを語った。赤組と黄組の対立は根深いし、軍部信頼度は民主制の機能不全により期待は高いとのことだった。

第二は手紙である。私が留学したのはもう半世紀前なのだから、今の米国社会はかなり違っているのかもしれない。しかし、今でも手紙（Eメールも含む）の役割は米国社会では高いと思う。私は大学院生だったので、知的中流社会層の人が私の観察対象であったが、手紙は重要という印象は強く受けた。なぜか。どこかで会った時、なにかで一緒した時、やはりその共同空間を一緒に作っているということの認識を確認することなのだろう。

つい最近、会食でとなりの方と家族が話題になった。私はこのごろ東京のコンビニでは年月日を特定すると、新聞や雑誌などのコピーが５００円ですぐに取れることを話した。家族で祝い事、たとえば、パートナーの誕生年月日をインプットするとその誕生日の時代を垣間見させてくれるページが出てくる。誕生日ケーキもいいけど、誕生日の新聞１ページもいいよという話である。新聞ではもの足らないなら、パートナーの誕生日には年齢の数だけのバラの花をおくったら、といった。円安でバラは高すぎるという。それならば、一枝に3個か5個の花がついている枝を10本いれ、中央に大きなバラが何本か置くようにすると、経費節減になるし、見栄えもするし、すごくいいよと私が言う。会食の翌日にはその方からＥメールが感謝を記して着信。パートナーの誕生日にはどちらも実行するのが楽しみという。

質問も手紙も独りポッチの世界ではない。気持ちが合奏し、知恵をしぼりあうということではないか。米国社会の経験で限られたものであるが、グローバル情報発信とかグローバル人材ということを聞くたびに、大地に根ざす度合いが不足していると思う。日本では、どんな会合でも沈黙貫徹の大多数ないし人畜無害の無用な発言が多いことに驚く。

地域創成は地方大学充実から

2014/12/16

とうとう冬が来た。大学にとってとても重要な行事がある12月6日と12月13日、新潟市では雪が降った。半世紀以上前、私自身が高等学校時代まで住んでいた新潟市は、冬には雪がつきものだった。とくに小学校の時（1950〜1956）には、冬になると30〜50センチの積雪も珍しくなかった。大学進学のために東京に出てからはほとんど知らない。6年前に新潟県立大学に着任後、やはり地球温暖化なのだろう、あまり雪をみなくなった。

そこへ、この降雪である。12月6日には2015年4月開設の大学院修士課程の入学試験を実施した。12月13日には大学院開設予定を契機に国際問題シンポジウムを開催した。

どちらも人口減少が加速する時こそ、地方の創生の起爆剤となるのは地方の大学の充実であるという考えからきている。実際、地方創生のひとつの重要な軸は大学なりという考えに大賛成という意見が、私が総務省、文部科学省、国土交通省、厚生労働省関係の方にインタビューした感じでは圧倒的であった。

雪が降る中、全国から大学院志願者が受験に来てくれた。雪が降るなかでシンポジウムに100名余りも来てくれた。あたかも新潟県立大学よ、雪にもめげるな、むしろ雪のおかげで強くなれ、というメッセージのようだった。大学教育をしっかりすることが地方を強くするのである。

厚生労働省の森田朗 人口・社会保障研究所所長の話でも、スウェーデンやフランスで少子化と人口過疎に歯止めが掛かった大きなきっかけのひとつは地方の大学充実、地方の大学生に対する奨学金の充実が決定的だったという。

新潟県立大学はこの6年間、志願者倍率連続10倍を記録、偏差値は50〜55から次の段階へと移行している勢いである。その間、新潟県からもどこからも特別な大きな財政的な支援を受けていない。新潟県からは人件費を出していただけるだけでもありがたいという大学の考えではあるが、大学教育に対する期待は全国で高まり、文部科学省の期待も同じである。

世の中がどうなろうと、「清く、貧しく、美しく」の新潟県立大学はますます伸びていくのである。教育に熱心、研究も熱心、地方連携にも熱心な新潟県立大学である。ますます厳しくなる大学教育環境のなかで、新潟県立大学は力強く邁進していく。吹雪の中でも力強く花を咲かせる椿や福寿草のように、新潟県立大学は地方の創生のひとつの中軸となっていることを実感する。

【第4章】

大学研究費は個人、業績を軸に

緒方洪庵、塾生には田舎出身に限る

2015/2/9

節分が終わると、気分は春である。その春を春らしくするのは黄色の花である。水仙の黄色は、内側の花弁が強い黄色なのがよい。球根を植えたなかでも一番早く花を咲かせたのではないだろうか。温和な気候のところでは菜の花が一面に黄色になる。地面一杯に咲くのは圧巻である。でも節分の頃で一番好きなのは福寿草だ。永井荷風は詠んでいる。

日のあたる窓の硝子や福寿草

大学は入学試験の季節である。福寿草はまだ大寒のなかから芽を出し、雪をかき分けて花を咲かせる。入学試験みたいなものである。この寒さのなかで合格者は福寿草だ。

新潟県立大学は福寿草である。どこからみても恵まれたとはいえない場所から、しぶとく毎年開花する福寿草である。毎年開花させているのは全国の志願者である。新潟県立大学への期待が大学を年々良くしていく。大学の財政的な弱さは隠すことができないが、この大学には情熱と潔癖さがある。これをよしとする受験生が多いのだろう。清く、貧しく、美しくをモットーとする大学である。

幕末大坂、緒方洪庵の蘭学塾の方針は何だったか。塾生には田舎出身に限る、都会出身の子弟はお断りだった。その心は、都会出身の武士のたまごは忍耐心がない。都会出身者は外国に対する好奇心よりも、奢侈に心を奪われる。オランダ語習熟の意欲よりも、如何に出世すべきかに気を取られる。

新潟県立大学は緒方洪庵の蘭学塾の方針に同感する。メリトクラシーというよりも、テストクラシーになっている日本社会で、新潟県立大学は真の地方創生を目指している。就職率も大変よい。東京の上場企業にもどんどん入社している。新潟県内の就職は県内・県外出身者あわせて9割である。地方でしっかりと根付いている。大学院進学も卒業生を出したこの3年で、東京大学、東北大学、筑波大学、千葉大学（医）、新潟大学（医）、外国のブラッドフォード大学、ヨテボリ大学などにも進撃している。

2015年4月から大学院修士課程（国際地域学専攻）を開設する。ほとんど英語で行う。教員はミシガン大、エール大、ニューヨーク州立大、ジョンズ・ホプキンス大、東京大、名古屋大、ソウル国立大、カリフォルニア大、グリフィス大、マンチェスター大、京都大などで博士号取得者がほとんどである。英語しか出来ない外国人も歓迎である。英語に自信が強くもてない日本の大学からの応募も歓迎である。人間は年を取れば取るほど、経験が多いだけ、好奇心が強く保てれば、修士号取得もそれだけ容易になる。大学院の概要について学長が日、英、中、露、韓の5カ国語で説明している。

これも教職員100名の獅子奮迅の工夫と努力が大きく効いている。地方創生はこのような地方からの動きに注目しなければならない。中央政府、地方自治体からの財政的支援は多くの場合必要であるが、不可欠ではない。むしろ、大したことをなにもしなくとも資源産出・輸出で豊かさを達成できる国、大したことをなにもしなくとも外国からの政府開発援助で生き延びている国にも似て、使い切れない財政支援があればあるほど、底力を地道につけようという意欲を削いでいく。緒方洪庵の蘭学塾に断られる都会出身の子弟のように、忍耐心はないが、出世欲だけ強く、蘭学は習得しないが、先生の脇でチョロチョロしながら、機会を狙うだけの怪しげな学生をはびこらせるのではないか。

新潟県立大学は福寿草のように大寒のなかで、力強く芽を出し艶やかな黄色の花を咲かせるのである。

南相馬市長講演

2015/3/11

2015年3月7日、福島県南相馬市を訪問した。4年前に南相馬市から新潟県に避難してきた家族（最盛期には1万人をこえる）の子どもたちの心の支えとして、新潟県立大学人間生活学部こども学科の教員と学生が様々な活動をしている。困難に次ぐ困難が訪れる被災家族の子どものために、学習の手助けだけでなく、生活相談やスポーツなども一緒に行い、できるだけのことを行ってきた。特に大学の休みを利用して、大学が南相馬に移ったような様相さえ示している。

私も昔のことだが、1955年に新潟市の大火災を経験した。自宅はあっと言う間に全焼し、早朝の暗闇のなかで避難するも、台風の向きが途中で私の避難方向と同じになり、逃げ回った。夕方に焼け跡に立つと、水道の蛇口から水が湧き出たままだった。隣の家の土蔵が消失しなかったので、合計十数人が狭い土蔵で数か月間居候した。また1964年には、父の職場が新潟地震で津波に流され、日本海を漂流しているところを海上保安庁の船舶に救助された。東京から帰った時には、父は体力気力消耗で病院にいた。災害はこりごりである。東日本大震災は津波と原発も重なり、言葉もない。

2011年3月11日夜、BBCから電話があり、状況を聞かれたが一体なにを答えたら良いか戸惑った。3月12日ニューヨーク・タイムズから e-mail で、新しいタイプの災害避難者に対する支援についての執筆依頼があった。私はこれだけの大災害を考えると次世代、子どものことが一番重要だと書いた（3月15日付で掲載）。とりわけ10代、20代の若者について、復興作業で時間がとられるから、外国に留学して力をつけてほしいと書いた。春も深まる頃から外国からも奨学金の申し出がいくつか発表された。私も大和日英基金奨学生の審査委員として、二十何人かを送り出した。祈るような気持ちだった。私自身の最初の災害経験から新潟にいてもしょうがない、東京に行かなくてはと思った。次には大学紛争などで、東京にいてもしょうがないと思い、米国に留学を決心、敢行した。

大和日英基金奨学生審査のなかでも強い記憶が残っているのは、東北大学のポスドクの方だ。湖に住むクモには、沢山ある足の何本かをマストのように使い湖上を移動するタイプと、そういう足の使い方をしないクモのタイプがいて、何に由来してこの違いがでるのかを研究していた。大学院の5年に加えてポスドクの何年かを終わろうとしたその矢先に、東日本大震災ですべてを流され、破壊された学生だった。幸い英国の大学へ留学した。東北大学に昨年訪問した時に周りの方に尋ねたが、その後どうなったのかわからなかった。

南相馬の方々の4年間の避難生活もここにきて補助金が時限で切れそうになり、遅い遅いといわれながら除染もかなり進んだ。南相馬は立ち入り禁止区域、昼間だけ立ち入り可能区域、そして居住可能区域などと分断されて共同体として存立するのには引き続き難しい状況にある。家族が職場、学校などの関係で分断されるのも珍しくない。それに福島第一・第二原発の問題は未解決だから、悩ましい限りである。

そういう複合多重のストレスなどでも、へこたれない力をつけるべく、子どもはみんな一生懸命だ。このたび、南相馬市と新潟県立大学の間で協力協定を調印した。一層活発に活動を強化する。夏には桜井市長に大学で「宮沢賢治の精神と東北の復興」と題して講演をお願いしようかと思っている。まさに宮沢賢治の「雨にも負けず、風にも負けず」のように、あらゆる逆境のなかで、3月26日南相馬から動画で世界に訴えたのだ。ご自身の考えで動画発信になったのかと聞いたところ、ICUのOBの示唆によるとのことだった。国際情報発信などと巷でよくいわれるが、これほど大きなインパクトをもった発信はなかった。市長は年に5日かそのくらいしか休まず、復興の駆動力になっている。新潟県立大学からも復興に勇気を与える南相馬の野馬追の祭りに参加しようかなと思っている。

逆境にめげない、困難の連続にへこたれない、自らの力を獲得しよう。

渡辺謙、大きな声、深い呼吸

2015/3/19

外国語の習得は難しい。

生まれた時から、自然に多国語を学ぶ人もいる。1990年に3カ月、インドネシアのジャワ島のジョグジャカルタ市、ガジャマダ大学で日本の政治を教えていたことがある。土地の人は小学校まではジャワ語、小学校からは国語（バハサ・インドネシアという人工言語）、中学校からは英語を学ぶ。もうこれで普通の人が三つの言語を使っている。第一は母国語、第二は国家の言語、第三は世界語である。私の知っているインドネシア人は大体英語もしっかりとしている。外国の留学先選択でも、できるだけ散らばるように努力が目立つ。米国一辺倒ではない。

ジョグジャカルタに住んだ時に、私はバハサ・インドネシア語をしっかりと学んだ。講義を始める時には、必ずバハサのセンテンスから始めた。

Selamat datang! Hari ini, saya senan munbicharakan tuntan politik Jepan.（こんにちは、今日は日本の政治についてお話をします）

ジョグジャカルタの近郊の上流で水遊びをしていた子どもたちに、私は「バハサをはなしますか？」とバハサで聞いた。子どもたちのこたえはtidak（ノー）だった。

新潟県とインドのアンドラプラデッシュ州（旧アンドラプラデッシュ州は二つに最近分裂し、もうひとつはテランガナ州）とで、農業などの交流が始まろうとしている。ア州出身のチャクラバルティ・スリニバサ博士は、ジャワハルラル・ネルー大学を卒業している。

１９８９年、私は一カ月間ほどデリー大学で日本の政治を教えたことがある。インドでは言語については、母国語はテレグ語、第二に国語であるヒンズー語、第三に国語でもある英語の三つを普通に使用している。

新潟県立大学は８割が女性なので、ア州にある大学（女性がほとんど）と交流を始めようとしている。たしかに南インドは北インドとは大きく異なる。大野博士によると南インド語の一つ、タミル語は日本語の祖先であるという。

ニューデリーに住んだ時には、ヒンズー語にとりかかれなかった。現地では、英語が万能だった。カースト、宗教などが次第に薄れているという。２０１４年のモディ首相の与党の圧勝になったのも、これらやその他の階層意識薄弱化があるのだろう。

最近、歌舞伎役者と映画・演劇役者からとてもすばらしいことを学んだ。坂東巳之助が亡くなった父親についてこう語っていた。

「誰でもできることを誰でもできないくらい繰り返して練習することをモットーとしていました」

言語習得にも同じことが言える。日本語だろうと外国語だろうと同じである。膨大な積み重ねを繰り返すことが重要である。

ブロードウェイで「王様と私」の主演俳優の渡辺謙（新潟出身）は英語についてこんなことを言っている。

「loudness（大きな声で発声する）とbreathing（深く呼吸する）が大切である」

沈黙で主役の感情を印象づける日本映画もあれば、ちょっとした目の表情だけで表現する小津映画もあれば、インド映画もある。しかし、アメリカの演劇は違う。「私」を演ずるケリー・オハラも渡辺謙と調和している。ともに役者として大きな存在である。

外国語習得には、大きな声を出すこと、そして深い呼吸をすることが大切である。

新潟県立大学には英語、ロシア語、中国語、韓国語をしっかりと習得できる仕組みがある。いろいろな外国語の資格試験で優秀な成績を残している学生はそのことを買われて、とてもよい就職先を見つけている。

毎年、駐新潟大韓民国総領事館の後援により韓国語スピーチ・コンテストを新潟で開催している。私も出場しようと思う。お楽しみに！

2015/3/23

就活と集団就職

春はもうそこだという感が強くする。私は、小学生の時には生物学者になりたかった。子供のころは、近くの小動物や小植物を採集したり、飼育したりするのに夢中だった。小学生だったのは1950年〜1956年である。1955年の新潟市大火以降、生物学者志望ではなくなった。区画整理で周りの環境がすっかり変わってしまったからである。

それまでは、小さな魚、たなごやドジョウやフナなどを採集しては飼育し、卵を産んだとか、共食いしたとか、水が濁って死んだとか、そんなことで毎日過ごしていた。トンボ、チョウチョ、セミ、モリガエルとかとにかく動くものには興味をもっていた。興味をもっていたというのは私だけのことで、小動物にとってははた迷惑だったろう。なぜならば、採集、飼育されてあげくの果ては死期を早めたのであるから。

小植物も大好きだった。花といっても松葉牡丹とかコスモスとかありきたりの花だ。これも種を採集したり、芽がでるのを楽しんだ。近所に多かったのは松である。新潟には、杉の木と男の子は育たない、という言い伝えがある。前者は確かにそうだと思う。杉の木があまりない。後者は農地の競争で長男しか責任もって育てられなかったせいなのだろうか。男の子のその他大勢は、中学卒業後東京に集団就職にいった。

楓の木もよく植えてあった。無花果《いちじく》の木もよく植えてあった。家にも無花果の木があり、秋にとれる果実を楽しみにしていた。小学生低学年までは、家庭菜園にはナスやカボチャなどを植えていた。その後は仏様にあげる花か、普通の鑑賞花にかわっていった。

このたび、新潟県立大学の大学経営評議会の委員のひとりの方が、大学にきれいな黄色の花をつけた連翹《れんぎょう》を寄付してくださった。ありがたいことである。初春から際立った色で学生に新しい年の始まりを告げている。田舎の小さな大学となると、寄付をする人はまずいない。だからこのような素晴らしい花のついた樹を寄付していただいてほんとうにありがたく思う。大学がぱっと明るくなる。学生も連翹の花に応えるように素晴らしい大人になって卒業していくだろう。財政的に恵まれていなくとも、この連翹が毎年初春に豪華な花を咲かせることが、一人一人の学生の人生になにかしらの励ましになると思う。

もうじき卒業式だ。卒業生にとって大学は人生の長い道のりの、ほんの一歩でしかないだろう。しかし、第一歩がなければ次がない。近年の就職活動は、とても大変そうだ。田舎大学から東京に就職活動に上京する学生も何人かいる。先週も大学の東京事務所に、就職活動の隙間時間に立ち寄った学生がいた。

大学が財政的に恵まれていないのを見かねて、私は小さな冷蔵庫とレンジを大学の東京事務所に寄付した。早朝に新潟からバスで東京に到着し、昼間は企業周りをしている。数日になる場合もある。せめて近くのコンビニで弁当を買い、立ち食いではなく、東京事務所のレンジで温め、冷蔵庫にある冷たい飲み物をしっかりと座ってテーブルで飲食してもらいたいと思う。幸い、東京事務所は上野駅にも東京駅にも、大手町にも霞が関にも至近である。

就職活動というと半世紀前の中学卒業生の東京集団就職を思い出す。下町の肉屋さんに就職して、2、3年で新潟に戻ってきた同級生のK君は今はどうしているのだろう。海上自衛隊に入隊したものの、高いマストにのぼって作業をしている最中、墜落即死してしまった近所に住んでいたO君を思い出す。

新潟県立大学卒業生のこれからの人生に幸福多きことを祈願するのみである。毎年卒業生の5パーセントくらいが東京の上場企業に就職している。80パーセントが新潟で就職し、10パーセントは留学や大学院進学だ。今は人の眼にも留まらない地味な草木であっても、いずれきれいな花を咲かせることをいつも祈願している。

外国語は大きく発声、ハッキリと発音

2015/3/26

徒然に好きなことを書いていると、思いがけないお手紙が舞い込む。このニュースレターは名刺交換をした方に大体送っているが、感想を送ってこられる方がいる。ありがたいことである。

40年来学術論文の書き方は慣れているが、普通の手紙とか、一般向きの読み物的な文章は苦手としている。職業病の一つである。それが極端に現れるのが英語で、口語的な日常のなかの会話的文章を最も苦手としている。英語は極端に学術的なものしか、なかなか書けないのである。基本的に英語は読むために、そして書くために習得したので、それ以外の目的には慣れていない。米国に留学したために、人に混じって討論もある程度上達したが、苦手であることにはかわりがない。人の前で講義や講演をすることも、学会やセミナーで発表することもとりわけ30代〜50代

ではかなり多かったために、できることにはできるが、得意というほどではない。「新潟県立大学に関心をお持ちの方々に」の文章は学術的ではない。苦手のひとつである。それなのに、なにかに反応してお手紙をいただくことが多くなった。本当にありがたいことである。私が感ずること、私が考えることがすこしは意味があったのだと嬉しくなるからである。

最近でいうと、歌舞伎や演劇で演ずるときの発声、発音についての反応は多様であった。たとえば、人に言えない練習を重ねることに共感を示す意見が多かった。息の吸い方、息の吐き方と発声を調和させて、十分呼吸をして声を大きくユックリと間を取って話すことにも共感が少なくなかった。注意深く読んで下さっていることがよくわかる。

私が練習につぐ練習を重ねることを強調し、さらに発声、発音を大きくハッキリとすることを強調したのに対して、意味をよくとり、それに合わせて間を取ることがもう少し外国語習得の真ん中にくるべきだというご意見もあった。有り難いことである。私自身は、歌舞伎はもちろん演劇もやったことはまったくない。そのような才能はまったくない。

私が外国語でなにかを発表した数少ない機会を捉えて感想をもらす方がいる。25年くらい前シアトルのワシントン大学で発表したとき、日本史のケネス・パイル教授はこんなにも英語を自分のものにしている日本人学者ははじめてだという感想だった。最近、清華大学で発表した時、はじめの数センテンスは中国語で発表した。大半は英語で発表したのに、終わってから中国語で質問されて困ったことを思い出す。15年くらい前モスクワで発表した時、やはりはじめの数センテンスはロシア語で発表したが、終わった後、日本でロシア外交の第一人者、袴田茂樹教授がいうには、もしかしたら、自分よりも猪口はロシア語がよくできるのではないかと一瞬思ったそうである。

私にはその理由が明快にわかる。私は外国語に集中して学び始めるのだが、長く続かない。どこに集中した学習があるかというと、辞書の使い方、単語の読み方、発音の仕方の初歩のあたりを異常なくらい集中する傾向がある。これが私の外国語習得の特徴である。発音は日本人としては大体良いらしい。それは英語でも、中国語でも、ロシア語でもそうらしい。外国語の習得初期に熱心に学習すると、上手という印象を与えるようである。欠点は読めるようになると、集中心が減退していくことだ。幸いにして学術的文章にしか得意分野はないので、そう困ることもない。

外国語習得が難しいという学生には、簡単なことをアドバイスすることにしている。すなわち、大きな声でハッキリと発音する。理解できることだけ、ワンワードだけでもいいから元気良く発音する。そうすれば分かってもらえる。

米国の友人とニューヨークの地下鉄で切符を買おうして直ぐには通じなかった。その友人が助けてくれた。大きな声で、マップとわめく。駅員が地図をくれる。駅員にどこまでとかなんとか聞かれると、また大きな声で、ブロードウェイとわめく。英語の会話とは単語の往復である。大きな声で、はっきりと単語だけを話すのが肝心である。そうすると、発音がワンワードに集中するので次第によくなる。センテンスがでてくればもっとよい。

しかし、はじめは発声、発音である。こういうことを言うと、いい加減なことを言うなといわれるかもしれない。でも初心者はワンワードがうまく通じてはじめて前に進めるのである。

2015/4/14

唯花史観

季節の代わり目には花が登場してくる。

日本の学校の変わり目は4月である。4月の花は桜である。実際、桜ほど話題にされる花は日本ではないと思う。桜見は日本中で行われる。考えてみれば、寒さが残る時に、まず花を満開にしてから、葉がでてくるという順序は大したものだと思う。茶筒でも桜の木の皮を使った種類がある。私も使っている。それに「花より団子」というが、花も団子もの桜餅がある。やはり好かれているのだ。

4月から日本の学校が始まるのもいろいろな説明がある。私の説明は桜が咲くからというものである。多分歴史的には別な理由があるのだろう。しかし、私は桜が理由だと勝手に思っている。学校の始まる月はいつか。日本は4月。韓国は3月。中国は2月。米国は9月。韓国の3月は米国に占領されていた時期にそうなったのだろうか。そうだったら日本も3月になっていてもおかしくない。韓国人は日本人よりもせめて1カ月早く学校を始めたいと思ったのだろうか。中国は2月。旧正月の大行事が終わったあとだから、納得がいく。

日本で最も愛されている花は桜だが、韓国でもっとも愛されている花は木槿《むくげ》だと思う。大韓民国の朴槿恵元大統領は花そのものの名前である。

中国で愛されている花は梅ではないか。漢詩によく出てくるのは梅である。梅は桜より一足早く咲く。中国も梅が咲くから学校の節目を二月にしたのだろうか。

唯花史観になってはいけないが、季節の節目はなんといっても花である。

4月、新潟県立大学の入学式が開催された。入学生の数は、学部282名、大学院5名の287名である。今年から国際地域学部の定員が160名から180名になった。大学院国際地域学修士課程が開設された。定員10名。今年は準備が遅れ、5名入学。うち社会人2名。留学生1名。今年から国際会議場朱鷺《とき》メッセで挙行。明るい感じがよい。大きな会場に桜の花があればもっと良かったと私は勝手に思った。新入生が287名でも、保護者などのご家族の方がその倍くらいである。それだけ、入学を喜んでもらえることは私にとってありがたいことだ。

今年で7回目の入学式だ。

いつも気になっていることが一つある。新入生代表は一人壇上に上がって、私に顔をむけて挨拶をする。その時の表情が気になるのである。どうしてか。新入生代表は入学試験で成績一番の方だと聞いているからである。新潟県立大学がまだできて日が浅い頃には、私の勘違いかとも思ったのだが、新入生代表の表情がいまひとつさえない。

多分、その新入生代表は新潟県立大学の入学試験の成績がよくても、おそらく第一志望の大学の入学試験の成績はそれほどでもなく、そこに入れなくて、新潟県立大学生になってしまったことの悲しさが自然に表れるのを止められなかったのだと思う。それなのに、新入生代表として新潟県立大学に入学できて嬉しいとか、新しい学園生活を楽しみにしているとか、多分心にもないことを言っているわけだから、表情が微妙で複雑だったのだと思う。その表情は世界で学長の私一人しか、正面からは見ていない。たった5分かそのくらいの時間でも、辛かったろうと思った。ところが今年は新入生代表の表情が始めから終わりまで素晴らしい。壇下に居る時から表情は嬉しさがかいまみえる。壇上で幸せあふれる表情の新入生代表を5分間目の前にしてうれしかった。なぜなら、新入生代表が幸せだからである。それに新潟県立大学が幸せの源泉といったら大袈裟になるが、幸せをあたえることができたのである。

他人を幸せにしてあげられることにまさる喜びはない。

新入生代表の挨拶が終わった時には、桜の花が吹雪となって新入生代表にふりそそぐ……そんな場面が私の脳に一日描かれていた。

2015/4/16

アナと雪の女王のLet It Go

「アナと雪の女王」の「Let It Go」を多言語でみる。

2014年末、「アナと雪の女王」をNHKの紅白歌合戦ではじめてきいた。「Let It Go」の歌詞をみると英語と日本語でかなり違っている。そのようなことは普通にある。「いかないで」という歌詞で始まる歌はたしか英語では、If You Go Away, If You Go Away だ。フランス語では、Ne Me Quittez Pas, Ne Me Quittez Pas だ。英語では、あなたがどこかにいくのなら、であるが、フランス語では私を置いてかないで、だ。

どちらが主語にするかの違いと仮定として問いかけるのと命令としていうことの違いといえば、それまでだが、たしかに違いはある。

Let It Go は難しい。It はまわりにある者、状態などを指していると思う。

英語の Go も難しい。英国の大学で教員をしていて、研究業績が大学のランキングに似つかわしくないほど低かったとする。学部長によばれて言われる。

You Have to Go. 辞めてくれ、である。Let It Go の Go もそれに近いみたいである。ここを英語以外の外国語ではどう訳されているか。

日本語は、ありのままの姿見せるのよ、ありのままの自分になるの、ありのままで空へ風に乗って、ありのままで飛び出してみるの、これでいいの、といろいろあるが、自分を環境のなかに置いていているようにもみえる。環境に対して無駄な抵抗をせずにいるような境地をえがいているようにもみえる。

英語では自分を押さえつける環境に対してどこかへ行けといっているようにもみえる。

実際、ロシア語では、Otpusti i Zabud' だ。棄ててしまえ、忘れてしまえ、だ。

自分を抑圧する環境（人間も含む）を投げ捨て、忘れてしまえといっている。

英語に近いけど、そこまでハッキリといわないでもいいのではないかという感じを受ける人が英語で生きている人は思うのではないだろうか。

中国語でも、随它吧、Sui Ta Baという言葉は、自分を独立させない環境の好きなようにさせておけ、ほっておけばよい、気にするな、という感じにみえる。英語に近い訳だと思う。

韓国語ではLet It Goをそのまま使っている。韓国では、英語の達者な人が翻訳したのではないか。訳さないのはもしかしたら、ロシア語みたいにあまり直截に表現したくない感情が韓国社会には強くないのかもしれない。私にはわからない。

日本語の翻訳は、ロシア語みたいな言い方は無政府主義みたいに響くのを忌み嫌っているのではないかと思う。ほかの人のことを無視して、独立だ、自由だという言葉を使うのをさけているようにもみえる。それに、英語では少ない字数で言い切れるのに、日本語では字数が多くなりすぎて、途中でやめている、表現を省略しているような感じを与えるところが少なくない。

俳句や短歌では表現省略が重要なことを考えると、いったん日本語に翻訳されたものを英語に逆方向に翻訳するのは難しいのではないか。多言語の世界は難しい。

しかし、グローバル化の深まっていく世界はこの問題を避けて通れない。10年間も学校教育で学んでいるはずの英語でも、なかなか難しい。チベットの亡命政府の指導者ダライ・ラマにいわせると、日本社会はいいことばかり、ひとつだけ目立って不足で、日本でひとつ望むものをいうと、英語だそうである。

日本では外国語を真剣に習得する組織が少なすぎる。東京外国語大学は27の外国語を教えているが、韓国外国語大学では76の外国語を教えている。北京外国語大学では108である。日本人の習得言語数を1・5（日本語1で英語0・5）だとすると、たとえばオランダの習得言語数は3・5だそうである。難しい、難しいと言いつづけないで、どんどん多言語を学ぶと外国語はどれも上手になっていくというのが、マサチューセッツ工科大学のスザンヌ・フリン教授（言語学）の持論である。私も水準はそれほどに高くないが、フリン教授の The More, the Better に同感である。

2015/4/16

自由国際秩序と自由主義者、戦前と戦後

米国に行くと、大きなところだからどの花というわけにはいかない。しかし、日米関係からすると、桜と花水木《はなみずき》は大きな位置を占めているようだ。

20世紀はじめ、日本から桜が米国におくられ、今も桜並木として花見にくる人もいる。お返しとして米国から日本に送られてきたのは花水木である。ピンク色の花をつける種類と白色の花をつける種類の二種類だ。

私の近所でも、通りにピンク色と白色の花が交互に咲き競うところがある。ちょうど今、若芽

が天に向かって葉になり、それと同時に花が咲いている。花弁がひらくとなにか可憐な感じがする。桜と咲く時期が同じだったことも、米国が花水木を選んで送ってきた理由のひとつかもしれない。

日本には、イチョウ並木についで花水木並木が多いというから少し驚きである。1900年代、1910年代、日米関係が比較的良かった時期に桜と花水木が交換されたのは興味深い。花が双方の思い出になっている。

戦後70年ということで、日米関係について考える機会も多くなった。20世紀前半の展開がなぜあのように展開したのかはもう少し考えてみたいと思っている。

学者のなかにも自由国際秩序を真剣に心に描いていた人は少なくなかった。田岡良一は京大で国際法を教えていたが、どのような国際法秩序を良しとしていたのか。矢内原忠雄は東大で植民地経済発展を教えていたが、どのような経済発展をよしとしていたのか。南原繁は東大で政治思想を教え、イマヌエル・カントの説く永遠の平和を希求していたが、国際法・国際組織の増加、自由貿易の隆盛、そして民主主義の成長を、20世紀前半の世界の現実のなかでどのように位置づけていたのだろうか。新渡戸稲造は国際連盟の働きを連盟事務次長として、どこまで知的に位置づけていたのだろうか。企業家の渋沢栄一、ジャーナリストの石橋湛山、軍人の山本五十六などとは別に、学者はどこまで20世紀前半の世界を位置づけていたのだろうか。

国際関係は重要ではあるが、日本の社会で自由国際秩序を支えるような学者はどこまで考えを表現していたのだろうか。

戦後70年の日本の展開はさておき、戦前70年間の自由国際秩序を巡っての知的展開は学者のなかではどのようなものだったのだろうか。人類最多の戦死者を出した二大戦争、大量の失業者を抱えた経済、そして左右の急進的イデオロギーの噴出を所与《しょよ》とした時、学者はどのような自由国際秩序を構想しえたのか。戦後70年を考えるときに戦前70年も同時に考えようではないか。

ここで戦後70年の自由国際秩序の構想者を考査する暇はないが、ひとつだけ戦前70年と戦後70年の違いについて気がつくことがある。前者は国際秩序が全体として不安定、後者は国際秩序が全体として安定していることだ。これからは不安定の度合いが強まるだろうが、不安定と安定のシステム的違いは大きい。このことが、日本国内で自由国際秩序構想者を前者の時期には強くはないが目立たせ、後者の時期では弱くはないが目立たせないことにつながったのではないかとひそかに思う。

後者の時期には自由国際秩序構想者にとって、米国主導自由国際秩序が安泰である限り、それほど必死に国内的にも自由秩序を造ろうとあせる必要はなかったのではないか。それは日本の国内政治に埋もれた作業となりがちだったのではなかろうか。そうであればこそ、自由国際秩序は当然の所与としていたために、国内的な自由秩序について思考がそれほど深まらなかったのではないかと思う。

21世紀は情報力を軸とした大学を中心に

2015/4/20

大学の意味をいつも考えている。

人間社会がどのように変化しているか、とも関連している。

今朝の新聞に、旧知の友人、スティーブ・スミス教授（エクセター大学学長）の話が掲載されていた（朝日新聞、2015年4月19日）。米国社会科学評議会（USSRC）で一緒に仕事をしたこともあり、私がニューヨークで国際学術会議を開催したときも手助けをしていただいた。

スミス教授によると、まず世の中は大きく原動力の種類が変化したという。中世では軍事力が軸で、城が中心に社会は発展、近代では経済力が軸で、工場が中心に社会は発展、そして21世紀は情報力が軸で、大学を中心に社会は発展するという。きわめて常識的でありながら、先進的な認識である。大賛成である。

日本社会をみても全く同じ観察ができる。徳川時代は江戸城を中心に社会は発展し、明治から昭和時代は工場が中心だった。その後、日本では次になかなかいかない。大学を軸に社会が発展とはすぐにいかない。やはり国家と企業が強い。情報力を軸に考えることが、実際には迅速かつ強力には進まないようである。

日本の国立大学は「20世紀の世界遺産」に指定したいくらい、確たる業績をあげてきた。日本の近代化を、強力な国家主導で実現したのである。巨大なお金を使ってきたが、国立大学が成し遂げたことは素晴らしいことだ。

しかし、21世紀にもなると、国家はひとりでできることが少なくなりすぎた。世界中の情報力を巧妙に使うことが大きな違いをつくっていく。「スーパーグローバル大学」を指定し、大量のお金が国立大学に投資されているが、ここには20世紀の遺産のひとつ、国家が社会の駆動力なりとの時代後れの認識があるのではないか。

世界中の知識、知恵、技術を情報力で捉えなおすことが必要である。それには2つの指標が肝心である。

ひとつ、外国人がひとりも入っていない学術論文は20世紀型であり、21世紀の情報化、地球化時代にはそぐわない。

ふたつ、学術論文が世界でみてどれくらいの頻度で引用されているか、である。引用されるのはそれだけいいからである。実際、スミス学長によると、国際共著論文の数と引用数には強い相関関係がある。

スミス学長は大学経営でも進歩的かつ急進的で、教員の刊行論文の被引用論文頻度があまりにも低い場合、大学や政府が投資しているお金（科学研究費のようなお金）を計算し、その額に見合わないと判断された教員を7人に1人の割合でリストラした。２００2年エクセター大学学長になった時には大学の英国ランキングは34位。今日ではトップ10に入っているらしい。

英国では経済社会研究協会が全国大学の審査を定期的に行っている。上位にランクされている大学には厳しい審査がはいる。学部学科レベルで最上位の教員数人の研究業績はすべて査読され、きちんとした審査がはいる。リストラされた教員は学部長の You have to go. という声ひとつで、別の一段低い大学に移動を余儀なくされる。スミス学長は英国中の反対の意見を突っぱねて、学術研究の刊行を軸に大学をもっていき、情報力を中心にした国際連携を推進した。その大成功が明らかになった2011年には大英帝国勲章を授与されている。

みなさまは、どのように考えるだろう。私も少し前に2年ほどタイムズ・ハイヤー・エデュケーション世界大学ランキングの審査委員になったことがある。よく練られた沢山の質問に答えた。その2年間には東京大学が世界10くらいに入っていたが、翌年には10くらいをはずれた。

新潟県立大学は、スーパーグローバル大学のような国家投資対象になっていない大学だから、やれることはただひとつ。清く、貧しく、美しくをモットーに、情報力を軸にした認識を堅持しながら、毎日毎日、ひとつひとつ前進あるのみだ。

2015/4/28

移民政策

人口が政治をどのように動かすかについて考えることが多くなった。

今から10年余り前のことだが、欧州共同体に招待されたことがある。加盟国を2カ国選んで、その国が自慢するようなセクターをみてほしいということだった。

農業と防衛を見たいといった。なぜならば、農業だったら野菜、きのこ、川魚、ぶどう酒、肉、チーズなどおいしいものを賞味できるのではないか。防衛だったら、最新の戦闘機などをみれるのではないか。だが、ことわられて産業と途上国支援だったかになった。つまらないことになった。

実際、役人のお話はつまらなかった。途上国支援、つまり政府開発援助のことであるが、その担当の役人の説明は次のようなものであった。

アフリカや中近東からの移民がすこし多くなりすぎて困っている。それを少なくするには、現地国経済がもっと速く成長しなければならない。それには幼児死亡率を下げ、識字率を上げ、そして産業を発達させ、雇用を増大し、政府の役割もしっかりとしたものにする。現地経済の一人当たりの国民所得がある程度高くなれば、外国に移住することも少なくなるという説明だった。

その事業を助けるために政府開発援助があるという。たしかに、一人当たりの国民所得は上昇するが、そのスピードは欧州連合のそれにくらべると遅い。かなり生活水準が高くなっても、より生活水準の高い欧州連合に行きたいと考える人は増えるのではないか。同じ苦労をしても、現地にいてはユックリとしか所得水準が高まらない。それに、経済的発展の過程につきものの政治的な騒動が起きやすくなる。そうなると、移民はさらに欧州連合にひきつけられる。

10年余り前の役人は、今のアフリカ・中近東からの移民運動をどのように見ているのだろうか。

こんな風にみると、その時の役人のお話も面白くなる。どうして、そんなにあたらないシナリオを考えていたのだろうか。人間の考えることは間違いだらけなのだ。

最近興味を引いたのはスコットランドの独立運動である。

スコットランド民族党のニコラ・スタージョン党首の考えは面白い。スコットランドの人口が特に増えたという話ではない。どちらかというと、南東のイングランドに比べると、一人当たりの国民所得は低い。グラスゴウ大学は数万人の学生数を誇るが、スコットランド出身の学生は奨学金があり、授業料は無料になる。

去年の9月、グラスゴウ大学のアダム・スミス・ビルディングで学会報告をしたので、こんなこともわかった。石油が沖合でとれるし、英国海軍基地もある。スコットランドではイングランドの保守党は勢いがまったくない。イングランドの労働党が圧倒的に強かったが、イングランドの横暴に嫌気がさす人が増加し、スコットランド民族党の勢いが強くなる。イングランドの保守党はイギリス独立党（欧州連合脱退論）に勢力を奪われ、欧州連合脱退についての国民投票に走りかねない。そうでないと、イギリス独立党にお株を奪われかねないからだそうだ。ところがニコラ・スタージョンはこんな風に考えているようだ。

イングランド保守党には欧州連合脱退へと向かわせる。イギリス独立党と共同で欧州連合脱退へといったらどうなるか。スコットランドの労働党はどうなるか。急激に民族党支持に回っている。スコットランド民族党はスコットランド独立、そして欧州連合加盟へと走るのである。

もうじきイギリスで選挙だ。どのような展開になるのか、わかりにくい。ニコラ・スタージョン党首のシナリオ通りに展開しない場合でも、イギリス議会による連合王国予算のスコットランド向けの割合は独立阻止のためにも増加するだろう。スコットランド独立へと弾みがつけば、イギリスの国際的な地位に大きな変動が生まれる。

移民政策に細心の注意を払ってきた国といえば、シンガポールである。一人当たりの国民所得は日本をはるかに超えている。移民を増加させなければ、比較的に低い賃金の職種をこなせなくなっている。どの人種をどのくらいの割合で入れるべきか。基本的には中国系、インド（タミール系）、マレイ系の割合を変化させずに移民を受け入れてきた。少し誤算だったのは、中国系といっても中華人民共和国出身が大量に入ってきたので、若干の戸惑いがある。習慣や規範意識がかなり違うのである。

シンガポールの対外政策の基本は、大国一国を圧倒的に強くさせないことである。たとえ、米国でも中国でも日本でも、である。同時に大国がカルテルを強化し、大国だけがものごとを勝手に決めさせないようにしたい。米国とも中国とも日本とも、なかなか巧みに計算している。

昨年11月アジア・インフラ投資銀行の打ち上げ大会でも、しっかりと習近平主席の右となりにサーナム・シャングラトナム第一副首相が立って、写っている。

サーナム第一副首相とは20年前にダボス会議で一緒になったことがあり、今年の新潟県立大学開催の「アセアンと日本」シンポジウムにも多忙のなかメッセージを送ってくれた。アセアンと日本の関係は more straightfoward, more honest たるべしというのがそのメッセージであった。

2015/5/11

卒業は社会への恩返しの始まり

米国の大学の卒業式（コメンスメント）では、その大学の卒業生のなかで著名な人がスピーチをする。それらを集めた本を最近読む機会があった。私自身は1974年6月の米国の母校の卒業式には参加しなかったので、どんなことを学長やら、著名人がスピーチをしているのか不明であった。興味もなかった。ひょんなことで読んだこの本の全体的な印象として日本の大学と大きく違うことは道徳的説教や人生のアドバイスに宗教的なというほどでもないが、神に関係づけることが多い。たとえば、いままでのあなたは神からのギフトであったが（生まれたことは神のギフト）、これからはあなた自身がどのように自身をつくっていくかである。自らをつくるのはあなたである。今度はそれが神に対してのギフトになるのである。

日本だったら、両親家族や学校の友達などのおかげでここまできたのだ。これからは恩返しの意味でも、立派な社会人になろうといった具合である。米国ではキリスト教の影響がとても強い。そうかと思うと日本の大学のスピーチでは多分ほとんどないような自由奔放なのもあるから面白い。たどえば、1960年代に大学生だった世代は、人種差別反対、ベトナム戦争反対、権威主義的な大学粉砕、男女関係の束縛解放、麻薬自由、ロックン・ロール夢中などで大抵挫折、自滅した人が少なくない。したがって、どれをとっても、アドバイスなどといえるものはない。そういった後、とにかくお金を最小限作れ、好きなことを上手になれ、他人の言うことはあまり気にするな、などのアドバイスがでてきた後でこの大学で学んだことを誇りにしてほしい、などととってつけたようなのもある。

卒業式だから、明るいトーンが普通よさそうなものだが、こういうスピーチは「長くて、重い」のが最近の風潮のようだ。「短く、暗い」というだけでは、卒業すると、何をしていてもあなたはまわりの他人からテストされているみたいなものである。

そうかと思うと、こういう時のスピーチは誰のスピーチかは覚えていても何をいったかは忘れるのが普通だといって、その方の卒業式でのち大統領になった方のスピーチを聞いたが、全然覚えていないなどという。

やはり米国は米国、好きなことをいうのもある。

米国のスピーチは洒落た、自らを卑下するような冗談をいって始めることがすくなくないのに、日本のスピーチはアポロジー（釈明）ではじまることが多いとよくいわれる。

この本にはセルフ・デプリケート（自嘲）するようなのはなかった。

私がのちに実際経験したのは、某大統領の元閣僚で、マイクの音がしっかりとしているか（キャン・ユー・ヒア・ミー）を聴衆に問いかけるのではなく、壇上の演説者であるその方がちゃんとみえるか（キャン・ユー・シー・ミー）と問いかけたのである。その方はマイクロフォンに隠れるほどの身長だった。

安倍晋三総理の米国議会演説をテレビで見たが、米国のスピーチのツボを心得た精巧な演説であった。上記のような日米対比は昔のことになったという気がする。安倍総理はそういったスピーチについてのまちがった言説を実証しようとしたのだろうか。

横道にそれたが、日本の大学学長の卒業式演説はこれまた興味もなかったのだが、ひょんなことで大学学長になった。私の卒業式スピーチは最も日本的、最も簡潔なものである。卒業式の学生250余名、保護者等500余名をまえにして、そして教職員100名弱を控えて、これらの方々への感謝を忘れるな、世の中は大変なところなのだから、大学で学んだこと、さまざまなネットワーク、そして新潟県立大学はいつでも助けの手を差し伸べるというようなことをあらかじめかいたものを大きな明るい声で読む。その時々の世情についての感想などをいれてもよいが、私は遠慮している。

もう半世紀前の東大でも「太った豚になるな、やせたソクラテスになれ」というような演説があったが、その当時も今でも私には違和感がある。

「長くて重い」のが今の風潮なのかもしれないが、私は反対である。「明るく、簡潔」が私の主義である。中身の問題である。そのせいか、卒業式は1時間以内に優に終わる。

国歌斉唱ではじまる。卒業生全員の名前を読み上げなどが入る。学生たちが自分でつくった新潟県立学生歌を在校生の合唱団と音楽学の教授のピアノで卒業生を歌のなかで送りだして1時間。

自画自賛になるが、卒業式は節目として重要だが、その後どのように生きるかが最も重要である。

大学研究費は個人、業績を軸に

2015/5/18

ノーベル賞の山中伸弥教授が、研究成果を製薬会社が独占しないようにするためにも、国の研究費が重要だとどこかで言っている。まことにその通りである。大賛成である。

企業は企業で自由を憲法で保障されているから、どうしようもない。そもそも、民間企業の自由な精神が奪われては科学技術そして学問全体の発展が滞る。

しかし、大学人はできるだけ政府から研究費をもらうようになったらと思う。そうでなくては科学的知見が一部の企業のものとして、世の中のために役立てることが大きく遅れかねない。世の中の経験的試練を潜《くぐ》ることが薄弱になりかねない。そうなると、学問科学研究の真理追求の精神が歪められることにもなりかねない。しかも中長期的には、それは企業ののびのびとした発展のさまたげにもなるだろう。

ところが、21世紀の学問研究は分野によっては、20世紀には考えられないほどの研究費がかかることになってしまった。20世紀後半には研究費が天文学的になった分野も数えきれない。しかし、20世紀後半では米国が科学研究で圧倒的であったために、その他の後続国の学者が身近に問題に直面することが少なかったのではないだろうか。

米国では、自由企業の精神も個人のイニシアティブも強く、大学が最先端の研究開発を政府や企業と互恵的関係・契約で進めることができるような経験が多いのだと思う。

ところが21世紀には多くの後続国が米国に挑戦している。追い越そうとしている。日本も後続国の先頭のひとりになっているのだと思う。しかし、政府が借金累積で四苦八苦している時には、大学の研究費で大盤振る舞いはしにくいだろう。ごもっともである。それでも、政府は世界的に「新常態」のなかでも、経済成長率をなんとか少しでもあげて、大学に工面している。ありがたいことである。

少ない予算を効率的かつ実効的に運用するためにも、私の少ない経験からではあるが、大学の研究費について二つの提案をしたと思う。

大学を大きな分類で3つに分ける。

（1）広い分野で世界的に先端的な研究をすすめようとしている大学

（2）日本でトップクラスだが、世界的なものというにはややもの足らない大学

（3）日本の地方を実質的に支えていくのに専念しようとしている大学

大学といってもピンからキリまであるのは誰もが知っているがあまり口にださない。そもそも失礼だ。しかし、そんなことをいうだけで、研究教育の仕組みの向上を科学的に考えないですまそうとしているのではないかと思う。そんな大雑把な分類はあまり役立たないのではないかと思う。私の疑念はそんな大きな分類だけでは研究は効率的にも実効的にもなりにくいのではないか

ということである。

二つの提案とは①個人中心に考えて、それに制度を合わせていくという提案と、②研究成果と公的資金についてのアカウンタビリティーを強める規範と実行を強めるという提案である。

第一、個人を軸に優秀なプロジェクトを考えていく方向である。

個人の研究方向、研究業績を基にすることは意外に難しい。そもそも大学の教員の教育業績や研究業績は誰もが世界的な標準からみると、十分に網羅的に把握する規則・慣行がない。米国や英国のある程度の大学の教員、研究員のウェブサイトをみるとすぐにわかるように、とにかく分厚い。それだけ、よく記録しておかないと損になるようにできているからである。これは透過性の問題である。

それに、公的資金の使用の記録がある。これを研究業績のしっかりとした記録に照らし合わせて、誰もが判断をできるようにしておかないと多分誰からもよくは思われない慣行があるようである。豪州では公的資金の受け入れ額と研究業績を詳細に大学のウェブサイトに必ず書くことが義務のようである。公開説明は学者人生一生の問題である。これだけ研究費をもらって、雀の涙のような研究業績しか示さないとしたら、大問題になるようである。

日本の問題は、大学が大きくて有名で、沢山の立派な教員がいたとしても、それ以上に研究業績や研究意欲が低い教員が沢山いる大学に、国から大量の公的資金が流れやすいことではないか。

第二、大学はどこをみても金太郎飴のような大学だけというのでは困るのだろう。

大学はピンからキリまでといっても、日本の場合は一つの大学のなかでピンからキリまである。どうしてそうなるかはわかりにくい。とくに優秀な大学とされる大学教員の場合には、そこに潜り込めればあとは泰然としているのが良いとされているのではないかと思わせるものがある。ちょうど大学入学試験を通れば、あとは勉強せずと同じである。

有名大学教員になれば研究の動機が衰え、研究活動は非活発になる。非有名大学教員にかなり長くいなければならないかのような雰囲気を感ずるとやはり研究の動機が衰える。研究活動は非活発化する。それは、有名大学だろうが、非有名大学だろうが、強い存在感を与えている。いうまでもなく学者は真理追求でそういったことにこだわらない教員も少なくない。それで日本の大学の多くは本当に助かっている。ありがたいことである。

ところが、今の慣例は大雑把な大学分類（学生数、教員数、財政規模、歴史の長さ、面積の広さなど）を固定化している、そのものをあまり動かさない方式が強く出すぎていると思う。

そこで私の提案は世界的に、国内的に業績の高い教員、その反対の教員をどちらも移動させていくことで、そしてここが重要なのだが、教育で名声の高い教員、その反対の教員をどちらも移動させていくこと、そしてその他の重要な次元で似たような教員を集めていくような移動が奨励される仕組み作りが必要だと思う。

英国のような小さな国は移動を真剣に実行しているらしい。

恒食なくして恒学なし

2015/5/28

6月1日朝食から新潟県立大学では週一回月曜日の朝食を100円で供給することにした。さいわい、大方の賛同を得て実行の運びになった。ありがたいことである。

それにいたった背景は三点ある。第一、全国的にも数字がでているが、生活困窮者が増えている。いくつかの大学でも緊急支援の形で朝食安価提供を開始している。第二、朝食を取らない学生が激増し、栄養、健康についての心配が増大。健康状態が悪いと、心理的にも鬱病的な傾向になりやすい。ひいては休学や退学を引き起こしやすい。第三、朝食をきちんと取れば、午前の授業も出席できるようになる人が増えると考える。朝食を8時からしっかりとって、授業にも出席し、学習の励みとしたい。

新潟県立大学は、人件費を開設者の新潟県が、その他（つまり施設やサービスなど）を授業料から捻出するというようになっている。朝食の安価提供もサービスに関連する緊急支援なので、新潟県には頼めない。かといって、公立大学なので国立大学と同じくらいの額の授業料しかいただけない。大きな歴史のある私立大学と違って寄付などはまず期待できない。そこで学長が緊急支援することとなったわけである。昔の人は「恒産なくして恒心なし」と言った。私は言いたい、「恒食なくして恒学なし」と。

具体的には、当面の間は月曜日の朝食だけ一食100円で提供する。中身はライス、味噌汁、サバ塩焼き、サラダで、2015年6月から2016年1月まで続ける。学生数は全体で1000人余り、教職員は全部あわせて100人くらいだ。小さな大学はどこの大学でも大変なのだろうが、ほんとうに大変である。

2015/6/8

教員刊行英文学術書は20冊（6年間）

学者になりたいと最初に思ったのは小学6年生だったが、学問業績を英語でも書くことになるとはその当時は夢想もしなかった。大学1年生の時でも考えてはいなかった。ところが大学を卒業して、大学院に進学する頃から英語でも書きたいと思うようになっていた。1966年である。ところが英語は難しい。とりわけ一番難しいのは書くことである。

現在に時を移すと、世間ではグローバル化人材の養成が大学にも期待されている。新潟県立大学でも「地域に根ざし、世界に飛躍する」ことをスローガンにしている。幕末大坂、緒方洪庵の適塾ではオランダ語で医学書を必死になって勉強していたが、塾生の募集要綱にあるのは、都会育ちはお断り、田舎出を歓迎とあった。

前にも触れたことであるが、都会育ちは忍耐心がなく必死にオランダ語を勉強しようとせず、奢侈《しゃし》に溺れ、医者になったら、どのような就職口から出世しようとばかりするから、都会育ちは御免被るとあった。

やはり「地域に根ざし、世界に飛躍しよう」というスローガンは悪くはないといつも思っている。スローガンにするだけでは英語で学術成果を発表せよという方向になかなかいかない。大学院の頃に英語で発表するようにならなかった教員は大体日本語である。「何が悪い」というだろう。むしろ日本語で発表すべきであるという方もいる。

しかし、立派で重要なことを業績とするならば、「英語でもどうぞ」と私は思う。科学系、医学系、工学系などでは、英語での発表は普通になっている。逆に、人文社会系は圧倒的に学術論文も学術書も日本語である。科学系、医学系、工学系では日本語での教科書の執筆が少ないようである。英語の教科書は滅多に書いていないような感じを受けている。「そんな暇なし」というだろう。逆に人文社会系では日本語の教科書が圧倒的に多い。英語でもといったら、「そんな暇なし」というだろう。

新潟県立大学には人間生活学部と国際地域学部がある。前者は家政学、栄養学、健康学、保育学を集めたような学部だが、栄養学や健康学や生命科学の分野では英語で成果を発表する教員がかなりいる。しかし、論文は日本語で発表が多い。後者はリベラル・アーツのような学部で、（1）英語、中国語、韓国語、ロシア語の外国語、（2）東アジアの文化や社会、（3）地域生活や環境、（4）国際関係、世界経済、経済発展、政治体制などの四コースに別れている。英語の教員のなかで言語学、英語教育学などの分野で英語で論文を発表する教員がいくらかいるが、多数の教員は日本語で業績を発表している。

2015年から「国際地域研究科（修士課程）」が開設されたが、大学院担当の教員には英語で業績を発表している教員は80％である。大きな趨勢としてみると、人間生活学部では英文学術誌発表が着実に増加している。

グーグル・スカラー・サイテーションズが採用・昇進などでも言及されることが少なくない。教員ひとりのGSCが500に近い。国際地域学部・大学院では圧倒的に日本語発表が多い。同時に、近年、たとえば2009年（開設年）から2015年（今年）までで、英文学術書刊行数は、全教員80名を合わせると20冊近くになっている。日本語学術書刊行数は30冊くらいである。大学は開設してから6年余りであるが、教員数80名で著作刊行数50冊だから、なかなか健闘しているというべきであろう。英文学術書刊行の出版社を見ても、米国・英国の名の通ったところからがほとんどである。

緒方洪庵は正しいのだ。田舎出ばかりではないが、田舎で奢侈に溺れない大学環境の方がいいのだ。大学の年間予算からみると、もっと別な側面が浮きだされる。支出の小ささにくらべたら、英文著作論文刊行がかなり多いことである。新潟県立大学は公立大学独立法人であるが、人件費（教職員数100名余り）は新潟県、施設サービスは新潟県立大学の授業料（学生1000余名で年間一人あたり60万円弱）から充当することになっている。

後者について施設に支出をまわすことは特別なことでもなければまず無理であり、学生に対するサービスへの支出も最小限にせざるをえない。そもそも、厳しい財政にもかかわらず、新潟県立大学を開設してくれた新潟県には感謝しすぎることはできない。しかし、施設サービスは厳しい。朝食安価供給に学長寄付の選択をしたのは、このような背景があった。

毎年大学ランキングが発表されるが、全国1000近くある大学のなかでも、新潟県立大学はまず入ってこない。教員数と英文学術書刊行数でみたら、多分結構いいところに入ってくるのではないだろうか。そのような視点からも見てくれる方が増えてくれたらと思う。

このような視点は二つの意味で重要である。第一、国家財政が根本から苦しくなっている。政府の借金の累積が天文学的になっている。かなりいい加減な支出を怪しげな支出項目に出しつづけることは時限付きでも多分できない。

第二、地方創生の実効的な政策路線が人生の二つの岐路を主軸には考えていないことである。「子供を安心して産める医療サービスがあること」に加えて、高校卒業後、大学に進学する方が50パーセントになっているのだから、「しっかりとした大学教育を与えること」が重要である。

教育は親や地域そして社会が若者のためにできる最良のことではないだろうか。資産を残さなくても子どもにしっかりとした高い教育を授けることが、一番の宝を作るのではないだろうか。それは地方を新しく強いものにするだろう。「なんでも東京で」という思考を変え、地方が2つの主軸を自分でまわせるようにならなければ「地方創生」は幻想になる。

グローバル人材はシチリア・モデルにあらず

2015/6/15

グローバル人材養成が企業や政府から要請されているが、その主要な要素は次の三点からなるのではないか。

（1）言語的能力、（2）高度な専門的知識や技能、（3）社会関係処理の修練

どれも関連しているし、どれも疎かにできない。

（1）言語的能力はグローバルで活躍するというならば、世界単一言語がない以上、英語を使う能力が高くなければ、すべてがはじまらない。そのうち、英語が衰退し、スペイン語や中国語、ドイツ語が伸びてくるかもしれない。福沢諭吉以来1世紀半以上、文明開化のスローガンで勉強している筈の英語を使ってコンフォタブルといえる日本人の割合は非常に少ない。英語を使っていると折角のおいしい会食も台無しになるという方が圧倒的である。日本語はかわっているから外国語を学びにくいなどと屁理屈をつける方もいる。

韓国語は日本語に相対的にみると似たところが多い。私のつきあう韓国の学者は、英語が上手な人が多い。学者に限っても英語使用者は圧倒的に韓国人に多い。

日本語と似て、スペイン語は母音や子音の種類も少なく、発音もしやすいはずだが、日本人でスペイン語を使ってコンフォタブルな方は滅多にいない。

日本語を使用している限り、自分の得意なところが全開するから、ドーパミンがバッーと染みだすから嬉しいというだけではないか。英語を使用していると、無知なところが出やすいから、下手なところが出やすいから、恥ずかしいというのもあるだろう。しかし、これは幼稚以下の態度ではないだろうか。幼児は聞こえてくる言語をまねし、繰り返し言語を習得していく。それが嫌だというのは幼児以下である。

外国語は通訳にやらせればよいとか、翻訳があるから、大して真剣に習得しなくても構わないという屁理屈をこねる方も少なくない。通訳、翻訳に頼っていいのは、人民の代表たる政治家のトップである。トップは母国語だけで生きてもよい。しかし、中間的な指導者は外国語を少しは真面目に勉強した方がよい。外国語を学ぶとその言語の世界、その言語の感覚、その言語のもつ特徴を使うことができる。日本語では思いもつかなかったような視覚に気づく。日本語では表現しにくかった感情や論理を表現できることに気づく。

マサチューセッツ工科大学のスザンヌ・フリン教授によると、多国語に通暁していると、知的世界も増加、情緒的世界も拡大、芸術的世界も深化するのだそうである。グローバル時代には使える言語は多ければ多いほどよい、学ぶ時期も早ければ早いほど良いのだそうである。フリン教授は多国語獲得と、その意味をずっと研究している方である。

学者の観点からいうと、知的世界でも表現は言語言語でなかなか難しいところが多い。物質とか技術とかを扱う場合には、科学的な語彙と表現が共通していることが多いのだろうが、人文社会を扱う表現は学術的な著作でも意外と難しい。しかし、英語で発表しなければ、自分の驚天動地の発見や素晴らしい知見などが世界に知られることが狭くなりやすいし、遅くなりやすい。ごく少数の天才以外のその他大勢の学者は、英語で著作を刊行しなくては学者として認められるのが遅くなるし、狭くなる。

（2）高度に専門的な知識・技能の獲得についても、英語は不可欠である。1962年、私は大学一年生で「化学」の授業をとった。教科書はライナス・ポーリングの教科書だった。ポーリングはノーベル賞受賞者である。もう半世紀以上前のことだが、その頃の教科書は米国の学者による教科書が少なくなかったのだろうか。他にも、数学、生物学、科学史、科学哲学などの授業を取ったが、数学の教科書は日本人によるものだったことを覚えている。その他の授業は、どんな教科書が使われていたか記憶にない。

近頃の自然科学や生命科学の教科書は米国などの学者のものを翻訳したものが使われているのだろうか。自然科学、生命科学、工学、薬学、農学などの分野では、とにかく先端の研究論文を一刻もはやく一流学術雑誌に刊行せずには浮かばれないのだそうで、教科書など執筆する暇がないと聞いたことがある。

論文刊行に使う言語は当然英語である。誰が教科書を書いているのか。教科書は学生によく使われているのか。米国の学者による医学の教科書を翻訳・刊行しようにも、医学部の先生方はそんな厚いのは学生が読まないと、あまり関心がないのだそうである。競争が激しいから、時間がたてば時代遅れになるのも早いのだろう。教科書は分野が広いし、それを統合したものでなければならない。しかし、時代遅れの知見を含まないようにしなければならない。

教員は研究論文に超多忙、学生、院生も超多忙で、極端に専門化し、狭く鋭く切り込む学術論文を英語で書いているせいか、全体がみえない。世界がみえない。英語は世界で一番多くの人が読むので、教科書も米国の大学の先生が執筆した中から、選ぶのも一案だと思う。

しかし、米国製の教科書には問題がある。はじめのところは馬鹿丁寧にはじまるので油断していると、いつのまにかかなり高等なところまでつれていってくれる。日本の教科書とくらべてもとても厚めである。

日本では超多忙の教員、学生、院生とそろいもそろって、しっかりとした読みやすい教科書を執筆する暇もないし、出版しても買ってくれる学生もいないのではないか。卒業論文、修士論文、博士論文を完成するのに必要な論文は必死に読むが、先端の知見を含んで広い分野をカバーする厚めの立派な教科書など、必要なページをコピーすればよいことになっているために、研究開発に必要な広く、深く、開かれた発想で、自由に思考を進めることが苦手になってはいないか。

科学技術立国の根本は開かれた発想、自由な思考、そして圧倒的な集中である。全二者なくしては土台がないことと同じである。卒業論文、修士論文、博士論文いずれも、大部屋のなかで上からきめられた宿題をやるような感じでやりすぎになってはいないか。日本の大学で工学部を卒業しても、外国でエンジニアとしてすぐには雇われない、日本の大学で医学部を卒業しても、外国でメディカル・ドクターとして開業できない。なんとかならないのか。国際標準に則っているとは世界で認められていないのではないか。

ここらへんも、英語の使用だけでなく、大学教育の基本的な姿勢が問われているのではないかと思う。学術水準は非常に高いことは高いが、なにか余裕をもっているのではなく、切り込み隊長以下、気難しい、張り詰めた顔をしているのではないかと心配だ。

（3）社会関係処理の修練というと、何を言っているのかと思われるだろう。組織のなかの人間のことである。そして組織間の社会関係のマネジメントである。ここは言語的社会学的な要素が重要である。日本組織、日本社会だけで、一生いくという方には関係ない。しかし、グローバル化時代にはそうもいかないところが問題である。

大学の志願者は日本だけでない。世界中でどの大学を志願したらよいのか、見ているのである。志願者は大学に入ったら、知識、技能だけでなく、言語的社会学的マネジメントの能力も身につくようなところを期待している。それもグローバルな舞台でのマネジメント能力である。

いうまでもないことだが、グローバル人材はグローバルな舞台で活躍したい人が自らを鍛える出発点があってはじめて要請される。いろんな人を巻き込んでやろうとしても時間と手間力かかるだけで、英語の能力などなかなかあがらない。

日本人の1パーセントが英語をしっかりと使用し、アンコンフォタブルでないという方がいれば、多分問題ないのであろう。現実は1パーセントに入る学歴をもっている方の多くの腰が引けていることである。

　突拍子もない話だが、ローマ帝国が崩れ、アラブ人が地中海を支配した時を考えよう。そこに、さらに軍事力が強かったノルマン人が来た。シチリアは原始的な農業、すなわち、オリーブ、ブドウ、小麦などで生きていた。技術水準は低く、識字率も非常に低かった。アラブ人は高い技術、高い学問、高い芸術をもって支配するようになった。そこに地球寒冷化でスカンジナビアの本拠地から南を侵略してきたのがノルマン人である。ノルマンディー、イングランド、シチリアなどを征服した。シチリアは短期間三重の社会構造になっていたのである。最上層はノルマン人、中間層はアラブ人、下層は圧倒的多数のシチリア人である。ノルマン人は軍事、アラブ人は官僚、商人として活躍し、シチリア人は無知無能といっては悪いが、当時はノルマン人やアラブ人に太刀打ち出来なかったのである。アラブ人は官僚としても商人としても、言語的社会学的能力でシチリアの農民、ノルマン人の将兵に勝っていたのである。

　1パーセントの日本人が言語的社会学的能力を獲得していれば、中長期的に心配は少ない。しかし、いまのところ少し心配だ。日本社会のなかでは「空気が読めない」とか「挨拶ができない」とか「折り合いの付け方をしらない」とか色々言うが、21世紀は地球社会でそのようなことに修練していかなければならない。日本社会で通用するものも、しっかりとした表現能力、認知・感知能力なくして地球社会では難しいことが少なくない。

　以上の3点をよく考えて、大学教育を良くしていこうではないか。

この3点をよく考慮しないグローバル人材育成をスローガンとする大学教育は、空疎なスローガンないし幻想に似てくるのではないか。

横飯を嫌わない日本人100万人創出

2015/6/16

2009年にAsian Economic Policy Review, vol.4 issue 1,pp.142-157に"Demographic Change and Asian Dynamics: Social and Political Implications"を発表した。

そのなかでアジアの人口動態と経済発展との関連、とくにbonus and onusがそれぞれ人口増加と人口減退に結合して、経済に大きな影響を与えるだろうし、政治的にも社会的にもいろいろな現象が発生する、と書いた。このようなことは沢山の学者が書いておられるので、周知のことと思われる。私の論文はアジア全体をカバーし、しかも経済的社会的政治的な問題にも分析をすすめ、さらに英文で刊していることから引用されることが多い。

このことが大学の発展とどのように結びつくだろうか。

人口減退は今に始まったことではない。とうの昔から始まっているが、1980年代後半のバブル経済の崩壊（1991年）から、すでに四半世紀経ってしまった。失われた20年とかなんとか言っているうちに、アベノミクスに関心が移り、経済は新たに活発な展開を示している。しかし、経済の展開にもかかわらず、減退しつづける人口をどのように考えたらよいのか。とりわけ、大学の発展にどのような影響を与えるのか。

産業の歴史的世界遺産として富岡製糸所が認定されるならば、東京大学も文化の歴史的世界遺産に認定されるべきだと私は考えている。富士山の世界遺産認定（ユネスコ）に決定的な役割を演じられた近藤誠一大使に今度会うときに、文化の歴史的世界遺産として東京大学が認定される可能性を聞いてみたいと思っている。

どうしてかというと、国立の大学教育組織は20世紀にその前半も、その後半も大きな業績をあげてきたからである。同時に21世紀にはその影が年々薄くなってきている多くの証拠を現出しているからである。その役割ははっきりと減退しているのである。それが一番数字に現れているのは国立大学交付金である。年々着実に後退している。

スーパーグローバル大学のプログラムは10年の年限つきである。10年後にも約束した役割を独自の予算で遂行しなければならないことになっているようだ。大学とりわけ地方の国立大学はモラルが着実に減退し、息も絶え絶えにならんばかりであると誇張もしたくなるくらいである。

二番目には東京大学の世界ランキングである。これはいろいろなランキングで多少違いはあるが、日本の大学全体でみても、東京大学だけをみても、中長期的に減退の趨勢に入ったようにみえる。私自身もそのようなランキング付けの審査委員のようなことを2年間したことがある。これは因果関係ではないが、私が審査委員のときには東京大学もトップ10くらいに入っていたが、私のやめた次の年からは12位になった。

アジアでみると、シンガポール、香港、韓国、中国などが大きく伸びている。これは人口減退とどのように関連するか。東アジア、東南アジアの大学は人口減退の社会に存在する。しかし、日本とちがって、大学ランキングは上昇の趨勢である。人口減退を大学の衰退と結合させないものはなにか。三つの大きな原因があると思う。

第一、日本社会はメリトクラシー（能力主義）の貫徹の度合いが低い。エリートと大衆の格差が所得の面でも、そしてとりわけ学力の面でも小さい。メリトクラシーでなくて、テストクラシーである。山といえば、川と答える訓練がしっかりとできている、大都市の競争的な環境にある高校生が東大に入るだけのことである。

ランキングが上昇しているアジアの大学はメリトクラシーの貫徹度が高い。そうでない日本社会が良いともいえるので、ここでは要因のひとつとしてあげるのみである。

第二、アジアのランキング上昇大学は教員の国産比率が日本のように極端に高くはなく、教科書をみても国際標準に則った世界的にも認定されているようなものないしその翻訳を使っている。教員も英語を使う外国人ないし英語で訓練された母国人がほとんどである。グローバル化の度合いが高いのである。

決定的なのは多分、日本では教科書執筆に国を挙げての執筆陣が頑張るというのでもなく、かといって米国の一流大学で採用されている教科書ないしその翻訳を使うというのでもなく、その大学ないしその大学の勢力範囲で教科書として採用されるくらい、教科書は軽視されているように思える。教育は軽視されていると思う。しっかりとした教科書をつくっていこう、という意気込みのある教員がいて、どこの大学でも10年に一回くらい機運が高まるが、その内容は世界の最先端の知見、問題意識を統合したものを目指しているか。このあたりが非常に弱いのではないか。

国産比率が極端に強いこともあり、国内市場（日本語）が非常に大きかったこともあり、競争国のグローバル化が進めば進むほど、日本の大学の世界ランキングは落ちていくのではないか。科学技術も水準は非常に高いのだが、それは20世紀の遺産として記憶されるようになっていくと思う。

なぜか。それは、研究開発が最先端の統合的な中身の国際標準の教科書をなんとかして使うというのではなく、学生・院生を若手教員や研究員を含めて、最先端の科学技術の鋭角的に絞った課題を解決するのに向けてエネルギーを集中していくやり方が極端になりすぎてはいないか。

とりわけ「失われた20年」の低成長時代に続いて、経済が活性化しているようになっても、人口減退の趨勢は加速化されているようにみえる。そして人口減退は国立大学が全面的に依存する国家財政を悪化させ、「選択集中」といっていながら、国立大学交付金制度の中止そして20世紀の世界遺産としての国立大学の消滅と新しい大学制度への設立へと追求していくだけの積極的なものがあまりにもみえないことは問題なのだろう。

スーパーグローバル大学に選定された大学リストをみると、国立は腐っても鯛、全体では組織、歴史、財政、学生規模などがすべて大きいところというくらいで、はじめから独立独歩で10年後にもやっていかれるのではないかという潜在的力量を推定しているだけのことではないか。20世紀の世界遺産としての業績があまりにも高いだけに、新しい世界のなかに競争し、打ち勝つだけの力量をどのようにつけていくかという考慮が強く感じられないのではないだろうか。

第三、20世紀の100年間、日本語の国産比率が高いのは日本にとって非常に良かったことは間違いない。しかし、21世紀にはもう少しグローバル化を高めていく方法も工夫していくべきではないだろうか。

1980年代、私は世界の学者と交流していたが、中国や韓国の学者仲間は日本の学者仲間と大体いい勝負だった。英語を使用する程度である。あのころは皆、英語は下手だった。それが、韓国では民主化、中国では閉鎖的一国社会主義からの脱却が進展するに従い、20世紀の末までに大きな挑戦者として再登場したのである。それを日本は20世紀の仕方で21世紀に突っ込んでいるのである。

20世紀遺産がそれを可能にしてきたが、そろそろ次を考え、早急に衣替えしなければならない時がきているような気がする。インドですら、英語使用の人口は6パーセントだそうである。同じ基準をあてはめると日本は0・01パーセントくらいではないか。せめて1パーセントにしたい。100万人である。大学教員と公務員をあわせるとあっと言う間に達成可能である。しかし、どちらもマルドメ（まるでドメスティック）の比率が高い。方向としては、大学でも政府でも英語使用への奨励がしずかに進展している。如何せん、世界のスピードはずっと速い。なんとかしなければならない。
三つの要因を人口衰退が一層悪化させることになっている。人口衰退は大学ランキングの低下さえも、上記の三つの要因が重なると加速化しているのではないか。

県議会傍聴

2015/6/29

大学の食堂は新潟市にある大学の生活協同組合が経営しているが、学生数（約千人）は非常に少ないので開設以来昼食のみの供給になっていた。私は恒食なくして、恒学なしと信じている。朝からふらふらしているだけではどうしょうもない。せめて朝食くらいなんとかならないかと学長の寄付で始めた。学生たちは大歓迎であった。

大学の財政は貧困の極致といえば、大げさであるが、それに近い。大学に対する世間、学生の期待は高い。しかし、人件費は新潟県、施設サービス費は授業料でまかなえというのが原則では後者について大したことはできない。食堂サービスもそのひとつである。学生からも大変な好評である。施設サービスの根本的な不足がなんとかならないかと工夫努力を重ねている。

そのひとつとして新潟県議会（6月会期）の初日に傍聴人として大学幹部をさそって行ってみた。日頃いただいている御支援に感謝を示すためである。それに新潟県議会の方々にも新潟県立大学のあることを知ってもらいたいのである。それが有効な手段かどうかはわからない。

思ったよりも大きな議会だった。傍聴席は議会の後ろ、高いところにある。思ったよりも、質素な形で初日は1時間ほどで閉会になった。知事の演説といくつかの委員長の発言からなっていた。形式や中身についてはもうすこし勉強しないとわかりにくいだろう。ひとつ私の関心を引いたのは、議長と知事は和服だったことである。やはり正式なところではそうなのか。

そういえば、結婚式には意外と和服が多いようだ。新潟県産品の十日町の和服だとかなんだろうか。新潟県は海と山に囲まれて独立国のようなところがある。少し前に、新潟県知事と新潟市長が共同提案として新潟州構想を発表した。制度的なものがなくとも心理的には新潟州になっているというのが私の観察である。ブータンみたいなのだろうか。食べるものはなんでもあるし、美味しいし、幸せでなくてなんだろうか、みたいなところが時々みえる。

しかし、歴史的にみると、新潟県は徳川時代に開拓が怒濤のごとくなされ、一大食料基地になった。日露戦争までは新潟県の中央政府に対する納税額は東京府の中央政府に対する納税額を継続的に圧倒していた。日本一だったのである。

ところが、長い話を短くすると、日露戦争以降今日にいたるまで、全国のランキングは着実に低下し続けている。現在は納税額はもちろん、ひとりあたりの所得でも真ん中よりも下になっている。生活困窮家族は全国平均と同じくらいである。人口あたりの自殺者数はトップテンにははいっている。

新潟県には新幹線がほかの地方を置いて、東海道を除けば一番先に新幹線が開通した。なにしろ私が入学試験を受けるために生まれて初めて東京に来たときの半世紀まえには、8時間から10時間くらい掛かったはずである。すでに私も記憶がうすくなるくらい、新幹線を利用しすぎている。いまや最速片道100分である。すべてが東京になびくのは新幹線のせいである。新潟州心理があるわりには気軽に東京に出ていく。

新潟の有識者というか有力者の方に、新潟県立大学開設時、外国語にも少し力をそそぎたいといったら、そういうのは東京に任せておけといわれたのはついこの間である。新潟にはグローバリゼーションなどは関係ないといわれたのは大げさにいうと、一昨日前のことである。

ところが新潟の希望は若者である。学生はくる年、くる年偏差値が良くなっている。教員も毎年授業が教えやすくなっているという。その学生が朝食もしっかりととって、赤貧のなかでも勉強をしっかりとしてほしいのである。

2015/7/13

新潟近隣県の人口と東大合格者数

親が子どもに残せるものは教育である。それを疎かにしたら、天罰が落ちてくる。子どもの幸福度をしらべた本をみたら、義務教育までは新潟県は全国でも5位である（小林良彰編著『子どもの幸福度』ぎょうせい、2015年）。

健康、豊かさ、教育、安全・安心、地域・家族の指標でみると、バランスもよくとれ、それぞれで充実している。しかし、高校になると、進学校でも一日の家庭学習時間が少なめである。平日4時間、土曜日6時間、日曜日8時間の家庭学習時間を厳守しているといわれる富山中部高校にくらべると、新潟県立新潟高校は少なめである。知能指数はどの県でも同じような分布を想定しても、東大合格者数はひどく違う。『財界にいがた』7月号をみよう。日本海側の東北・北陸県のみに限ってみると、次のようになる。

日本の人口は1億2千万だから、県人口比でみると、秋田と山形は人口比の通りである。富山と石川は人口比の3倍が東大合格者である。福井も富山と石川に次ぐ。ところが新潟は富山・石川レベルならば、東大合格者が360でもおかしくないが、最近5年間平均23である。家庭勉強時間が圧倒的に不足している。

こんなことをいってもしょうがない気もするが、新潟の親たちは子どもたちに残すものを残す工夫・努力が足りないのではないか。新潟県には小金持ちが多いので、獅子奮迅する親が少なめなのだろうか。

新潟県は東京に繋がる新幹線が早くから利用できた。いわば東京都の飛び地として、電力や水などを大量に東京に供給し続けている。新

県	人口	国公立大学進学者（比人口1万人）	東大合格者数（最近5年平均）
秋田県	100万人	15.6	12
山形県	110万人	19.0	10
新潟県	230万人	12.6	23
富山県	110万人	17.3	33
石川県	120万人	16.7	32
福井県	80万人	19.3	15

幹線最速で片道１００分だから、東京への人口流出はとどまるところを知らないのだろうか。新潟県は徳川時代に、稲作の新開拓地として急激に経済発展を成し遂げている。

徳川時代半ばから信濃川、阿賀野川の作った大越後平野を稲作でうめつくした。その結果、明治維新以降、納税額は第一位を日露戦争まで保持し続けていた。いまや一人当たりの県民所得からみても、全国でも真ん中くらいにまで落ちている。

地方創生を鍵は地方大学が握っているというのが私の持論だ。新潟県立大学はその鍵を握っているというのが私の持論だ。「地域に根ざし、世界に飛びたとう」をスローガンにし、大学院開設（国際関係論）にあたり、５カ国語で学長メッセージを世界に発信している。

幼稚な反知性主義と怪しげな権威主義のはびこる日本社会ではあまり評価されなくとも、新潟県立大学は一歩一歩着実に、田んぼで一粒一粒の米を育てるように前進を続けている。

2015/9/3

アセアン・日本シンポ開催

大学は不思議な所である。

グローバル化に適応していかないと困るのではないかと、７年前の学長就任時に老婆心的に発言したら、そんなことは東京の大学に任せておけばよいというのがこの新潟の有識者の大多数の意見だった。７年後の今になっても、この新潟にグローバル化は関係ないという方がおられる。

新潟ではとてもエライ方なので、反論しにくい。

でも大学はよくしたものである。新潟の古めかしい企業の重役達は時代遅れの視点で仕事、職場そして従業員を見ているのだろう。大学卒業生は知識でも能力でも、時代遅れの重役よりも立派な方が少なくない。このことを次第に理解しはじめた方が新潟でも増えてきているらしい。

そんなことを考えながら、2015年度の全学の授業科目のなかで、英語（ないし外国語）だけで教えている授業数を数えてみた。そしたら、17〜18パーセントだということだった。凄い数である。本学には二つの学部があるが、一つの学部はそんなことは嫌だし、必要ないと、多分強情と惰性と半分以上まちがった信念から、英語の授業はゼロである。2016年度から大幅に増加する計画にようやくなっているそうである。しかし、ここで重要なことは、片肺飛行でも本学では17〜18パーセントということである。

2015年7月16日の日本経済新聞の記事によると、スーパーグローバル大学に認定されて文部科学省から多額の補助金を10年間約束されている37の大学はエリート大学である。このスーパーグローバル大学における外国語だけで教えている授業数を測定すると、7〜8パーセントだそうである。スーパーグローバル大学のほとんどは国立大学で、それも歴史が長く組織が古く財政規模が非常に大きい。10年後にも多大な出費をグローバル化に割けるだけの財政規模の大学だけを選択したのではないかと疑念がわく。組織効率から測定したら、スーパーグローバル大学の名前とは似ても似つかぬ大学が多数含まれているのではないかと推測している。

そんなことはさておき、本学は着実に、清く、貧しく、しかし美しくグローバル化に適応していこうとしている。２０１６年度からはさらに英語による授業が増加する。

国際政治学の授業に、学長の私もこの７月２日授業を要請された。学生数は15人くらい。本学は学生数１０００人強の小さな、小さな大学なので、15人といったら大きなクラスである。まず最近の私の英文論文を種に40分くらい、多国籍的で新潟弁の英語で発表。それに討論者として決められていた学生が２人、３人と感想やら質問やらを含めて討論。私自身が20歳前後の時には出来なかった水準で、賑やかに討論。それに担当の先生だけでなく、友情出演ならぬ同僚の英語と経済学の先生（どちらも外国人の先生）も討論に積極的に参加。いろいろな視点が出てきて、討論の水準も高い。

教育だけでなく、外国大学との共同研究もどんどん進展している。９月11日にはインドネシアの農業大学の学長が訪日、本学と共同研究についての学術協定を結ぶ。栄養学の研究であるが、学長の私にできることは何か。

１９９１年に私はインドネシアのガジャマダ大学（ジョクジャカルタ）で三カ月教えたことがある。日本の政治と国際関係についてである。その時は毎週インドネシア語の習得にも励み、四半世紀後の今でも、一分間の学長挨拶はインドネシア語でできる。そんなことが大学のグローバル化適応に、どこまで関連しているのか。学長が全然うまくないインドネシア語をおじけもせず、使っていることに、何かを感ずる教員そして学生がいれば良いのである。もちろん、インドネシアの大学教授も悪い気がしないどころか、新潟県立大学との学術協定を結んで良かったと思うのではないだろうか。

社会貢献でも本学は着実な進展を記録している。2015年1月には本邦初の「アセアン・日本シンポジウム」を開催した。福田康夫元総理による基調演説、泉田裕彦新潟県知事の応援演説、サーナム・シャングラトナム第一副首相（シンガポール共和国）のメッセージなどの後、学者や外交官などが盛り沢山の発表討論を行った。

2015年10月7日には「アセアン・日本シンポジウム」を開催する。主題はアセアンの若者、日本の若者に焦点をあてる。2015年夏、インドネシアと日本で世論調査を本学が実施、このデータを2001年に日本とインドネシアで行った世論調査と比較分析したものをみながら、討論する。タイとシンガポールの若者プロファイルについても、世論調査を基にした発表討論がなされる。アセアン事務局からのメッセージなどに加えて、駐日フィリピン大使やほかの在京のアセアン加盟国からの大使のスピーチもなされ、討論にも参加する予定である。

2016年にも2017年にもアセアン・日本シンポジウムを開催する予定である。アセアンの若者、日本の若者が何を目指し、何に悩んでいるのだろう。

皆一緒に考え、討論しようではありませんか。

公立大学侮れない

2015/9/4

日本は国立大学を軸に大学教育が発達したために、さまざまな問題が現在突出している。

第一、大学教育に対する政府支出は先進国のなかで低い。帝国大学が10かそこらの時には国家財政はなんとかなった。第二次世界大戦後は各都道府県に最低ひとつの国立大学を置いた。その当時は国家の財政負担も地方分権で意気があがっていたからか、あまり問題にならなかった。ところが、学生の期待に答えようとして施設サービス費用が大きくなった。さらに、教職員の人件費が一人当たりの国民所得に比例してかなり大きくなったのである。

日本の教育は義務教育を得意として、大学・大学院教育は苦手であった。ところが、社会はどんどん複雑になり、それを支える科学技術の進歩は速く、費用もかかる。現在では高校卒業生の6割が大学に進学している。大学卒業証書がないとまともに就職することができない。大学教育もしっかりとやらなければならない。国立大学も全体で80以上になった。国立大学間の格差も激しいというが、国立大学ほど贅沢なものはない。一生懸命に政府がやりくりしても、ＯＥＣＤ加盟国のなかでも最低の教育支出の国が日本なのである。

第二、国立大学以外には日本の高度成長が必要とした事務サービスを供給する私立大学の文科系大学は、施設サービス費も人件費も一人当たりにすると格安である。

私立大学は８００以上ある。私立大学は政府支出によって存続していないために、政府が私立大学の数を無闇勝手にいじれない。私立大学助成金を削減していくくらいである。それに教育と宗教にかかわる団体組織は無税とする大きな政策がある。どちらも自由に行うことが教育や宗教のあり方の多様性を確保している。しかし、施設サービス費も人件費も大学間で競争しているために、巨大な費用がかかっている。しかし、少子化により８００の内、４割が定員割れである。

第三、公立大学は地方自治体が開設するもので、80以上ある。各県に平均ふたつの公立大学がある。新潟県立大学もそのひとつである。新潟県は新潟県立大学（国際地域学部と人間生活学部）を擁し、前者は21世紀の社会で不可欠な知識、感性、技術などを広く、深く卒業生に身につけさせる。後者は日常生活に不可欠な基盤である健康と栄養、幼児発達の教育を身につけさせる。学生数１０００人強で、教職員１００人である。総務省の各県に対する地方交付金のなかから、各県が雀の涙ほどを公立大学に交付する。

新潟県立大学には毎年8億円が交付される。授業料として7億円ほどが納入される。前者は人件費、後者は施設サービス費に充てられる。施設サービス費は学生の期待と大学間の競争が高まるなかで、特別に県に支出を要請し認可された時に、その何割かの支出が可能になる。基本的に財政基盤が小さすぎる。

しかし、大学によっては費用効果からみて、なかなかの成果を上げている。手前味噌になるが、新潟県立大学はそのひとつ。志願者倍率は開設以来ずっと10倍を保持している。年々上昇している偏差値からみても、同じような分野での国立大学といい勝負になっている。

教育研究の質はどうなのか。英語などの外国語だけの授業はスーパーグローバル大学群37の大学の平均では7～8パーセント（日本経済新聞２０１５年7月16日）なのに、新潟県立大学は17～18パーセントである。

教員の学術業績も見落とせない。この数年で英文学術書を世界の一流学術出版社から80人の教員が10冊くらい刊行している。英文学術雑誌をふたつ、世界の一流学術出版社から編集長と常務副編集長を本学からだし、世界中の編集委員会を擁して刊行している。スモール・イズ・ビューティフルである。それも前身の県立新潟女子短期大学から4年制大学を開設する時にも、教員は基本的に不変、施設サービスも新しいインフラ投資はほぼゼロである。

特別なことは財政的にはやらずにこれだけの発展を記録している。教職員が地方大学教育にかける情熱があらわれている。地方創生というが、国立大学は草の根に生きていないので、地方国立大学は難しい局面にかかっている。

地方創生の鍵となるのは、地方公立大学である。それは国立大学の数を大胆に削減し（政府は現在の80強からスーパーグローバル大学群の37まで削減しようとしているのだろうか）、地方大学助成を創設しなければならない。地方創生と大学教育創生の鍵はここにある。

Think Globally, Act Locally.

2015/9/7

今週は国際的な活動の週である。

まず、Asian Consortium for Political Research（アジア政治研究連合）である。

日本で学会というと、一国単位の学会である。transnational network タイプ（多国籍型）の学会もあるが、数はひどく少ない。

2003年にできたアジア政治研究連合はこの transnational network タイプである。主として東アジア・東南アジアの諸大学教授の集まりである。

私が会長である。事務局は3年前までは韓国・ソウル国立大学にあったが、財政難などで日本・新潟県立大学に移した。事務局長は恒川恵市教授（政策研究大学院）である。目的は提案のあった主題を軸に研究会議を開催し、成果を刊行し、アジアの政治研究を促進することである。

9月9日～10日には、アジア政治研究連合と政策研究大学院の研究プロジェクト共催の研究会議が開催される。「アジアにおける人口減少と経済社会政治的変動」を主題とし、中近東、タイ、ベトナム、中国の人口問題を扱った学術論文が発表・討論される。タイ、中国からの学者に加え、国内で教育・研究に携わっている10数名の学者が参加する。論文はいずれも人口学の標準的問題にしっかりと取り組んだもので、その成果は Asian Journal of Comparative Politics という国際学術雑誌に特集形式での刊行を目指している。

この雑誌は投稿論文がほとんどになるが、時々特集形式でアジア政治研究連合の提案した主題を深く、鋭く分析したものを刊行したいと思っている。

研究会議では、アジア政治研究連合の組織原理や組織拡大の戦略を半日かけて討論する。transnational network タイプの学会も日本に根をはったものにしようとするものである。日本で教育・研究に携わっているアジア人学者も多く参加する。Asian Journal of Comparative Politics の刊行開始は2016年3月なので、すでに20数本にのぼる活発な投稿がある。

初年度にはとくに特集形式論文(「リプセット＝ロッカンの政党得票は社会亀裂に強く規定されるという仮説の検証」、「アジア諸国における比較政治学の発展」、「中国の台頭とその隣人の国内政治」、「世論調査による政治行動」)の比重が高くなっている。投稿者も東アジア、東南アジア、南アジアや中近東とアジア全体からになっている。比較政治の創始者で忘れてはならない欧米も、アジア以上にこの学術雑誌を大事にしてもらうように工夫し、注意を払っている。

9月11日には、ボゴール農業大学の人類生態学部と新潟県立大学人間生活学部が主役になった両大学の協定の調印式を開催する。

インドネシアでは、農学・医学(ボゴール農業大学)工学・理学(バンドン工科大学)、法文系エリート(ガジャマダ大学)、それにすべての分野で一番とされるインドネシア大学が有名である。ボゴール農業大学は前大統領スシロ・バンバン・ユドヨノ、バンドン工科大学は元大統領スカルノ、ガジャマダ大学は現大統領ジョコウィーを輩出している。

共同研究の切っ掛けは人間生活学部の村山伸子教授である。栄養学でパプア・ニューギニア、バングラデッシュ、タイなどですでに群を抜く業績をあげている。

世間では大学をG（グローバル）型とL（ローカル）型にわけて組織再編成をしたいという意見もあるようだが、私の考えでは世界学術水準からあまりにも掛け離れた大学はその地域自体も世界の情報・技術・経済の大きなダイナミックスから弾きだされて、衰退してしまう。

世界の先端を担う覚悟はよしとしても、よほど中長期的にも成功しないと、精々「夜郎自大」になって終わりかねない。世界では二桁だが、日本では一番とか二番と言うときにはそんな匂いがたちこめやしないか。日本の1000の大学のほとんどは、小文字のgl融合型になろうと工夫、努力をすべきではないか。グローカルというではないか。gとlは一緒になって、うまく存続できるので、地球的な大学とか田舎的な大学の峻別はあまり合理的でも効率的でも効果的でもないのではないか。片肺飛行で世界一周したいという場合は別だが。

——こんなことを考えながら、今週が始まる。

2015/9/24

御宿町でメキシコ知日派を一カ月で

曼珠沙華《まんじゅしゃげ》のあの赤い花をみる季節になった。残暑も残りながらも、秋めいた緑のなかにスクッと赤い色の花びらが特徴的である。季節の節目をこんなにも精確に教えてくれる花はないのではないか。気分も暑い夏から一転する。唯花史観などといってもわからないだろうが、花が気分を先導するという意味である。

曼珠沙華のせいではないが、初秋にとてもよいニュースが入った。私が主宰しているアジア・バロメーター世論調査の、最も初期からの理解者で、世界価値観世論調査の主導者のひとり、ミゲル・バサネス教授（米国タフツ大学フレッチャー・スクール）が駐米メキシコ大使に任命されたのである。2015年の春にはジェトロ・アジア経済研究所客員教授として短期間滞日された。家族で会食をしたが、そんなことをおくびにも出していなかった。

この夏、バサネス教授がA World of Three Cultures（オックスフォード大学出版社）の刊行にあたり、私に本の裏に推薦文を書いてほしいという出版社からの依頼があった。よろこんで引き受け、すぐに推薦文を送った。うれしかった。うれしかったのにはもうひとつ理由があった。

推薦文を書いている日、メキシコに関心が少しあったのか、「ガーディアン」紙にバサネス教授の大統領による駐米メキシコ大使任命のニュースがでているのを知った。現大統領の当選に一役勝ったのである。教授が世論調査の会社を経営して、有力者だけの評判だけではなく、全有権者のサンプルから世論調査でできるだけ正確に有権者の動向を知ることが重要とし、メキシコで最初に本格的に選挙予測のために、世論調査を行った人である。しかも教授が自律メキシコ国立大学の法科大学院卒業後、首都の近隣の州の司法長官をしていたころから、今の大統領とは気心を知る仲だったのだそうである。

あらゆる情報がうずまくワシントンＤＣでメキシコ国家を代表し、メキシコ大統領の耳となり、口になる人こそがメキシコ大使なのである。

数年前、教授の息子の結婚式が御宿（千葉県）で行われ、私も参加した。家族・友人が沢山集まり、御宿の神社で日本人の奥さんと結婚式をあげた。

17世紀が始まったばかりのある日、メキシコの船舶が御宿の浜辺に難破した。土地の人達が一生懸命に助け、船舶を直してメキシコへ帰るまで手伝ったことが、日墨友好の４００年のはじまりである。

息子さんは現在駐日メキシコ大使館の外交官（一等書記官）である。アレハンドロ・バサネス氏は西日英の３カ国語に完璧である。去年の夏にもメキシコの学生を事前にスカイプで面接試験をし、その後夏１カ月の学習・研修プログラムを計画実行した。

私も、その卒業式に参加したが、卒業生十余名は全員日本語で卒業演説を行った。神田外国語大学などで日本語の特訓を１カ月間毎日行い、御宿の民家に全員寄宿し、工場、農家、商店などで研修を重ねた成果である。見上げたものである。日本の大学でもなんとかこういうことができないかと思う。

新潟県立大学でも短期・中期研修の形で少しずつではあるが、成果をあげつつある。たとえば、ロシアのハバロフスクなどから帰ると、ロシア語スピーチ・コンテスト第一位を取る学生がいる。

ミゲル・バサネス教授の書物は世界価値観世論調査のデータを駆使して、大西洋文化、ラテン・アメリカ文化、東アジア文化の鍵となる特徴を析出し、名誉、喜び、そして達成がそれぞれに特徴的な文化であるとし、世論調査による裏付けを分析している。

地方衰退は大学教育軽視の応報

2015/10/22

先日、ベナン共和国大使館からお便りをいただいた。ベナンでは日本語を学んでいる学生が多数いるだけでなく、日本の大学に留学することを熱望しているそうだ。フランス語に訳された「新潟県立大学に関心をもたれる方々に」をベナン大使が読んで、新潟県立大学に留学できたらベナンの学生の夢がかなうのではないかと考えた。そこで、奨学金はあるかどうかを知りたいとのことだった。

しかし、新潟県立大学は教職員も学生も熱心なのであるが、奨学金は日本政府からも、新潟県からもひとつもこない。残念だったのはベナン大使だけでない。新潟県立大学は財政的にも施設的にも極度の貧困状態ではあるが、学費相互免除による交換留学を少しずつ伸ばしている。こちらから留学するのも、あちらから留学に来るのも、人間の顔がしっかりみえる形で、面倒がしっかりみれる形でやっている。したがって、数は多くにはなりようがない。しかし、来る学生も行く学生もなにかをしっかりと得ているという印象を私は受ける。成績が上昇し、目の表情がイキイキとしている。

実際、新潟県立大学における英語での授業の比率は17～18パーセントでスーパーグローバル大学（37校）の平均7～8パーセントをはるかに凌駕している。文部科学省から財政的な支援もなく、学生の要望がもっとも重要で、次に教員の情熱、責任感だけで行っている。

英語や他の外国語に常に触れていると、視野が広がり、感度が高くなるような気がする。それに、留学の効果もあがり、教員にも大きな刺激となる。

日本の高等教育に対する関心はとても小さすぎる。政府の予算をみると、先進民主主義国のなかでは最低に近い。それでも家計における教育出費は激しく高くなっている。政府は大変なのだろうが、日本の未来は大学教育をどうするかによって決まっていくと思う。

人間の一生という観点からみると、人間若いときには二つの重要なことがある。第一は、誕生と乳児死亡にならないことである。第二は、ひとりで社会に飛び込む仕上げとしての大学教育（大学院教育も含む）である。識字率というと国語ができるかに限って考える人が多いが、21世紀社会では識字率とは、無知無能ではなく、有知有能にする程度が高いことである。

19世紀末、渋沢栄一は『論語と算盤』で学ぶべきことを明らかにしたが、21世紀初頭ではそんなことではすまない。知識については渋沢栄一の時代の百万倍、技能については一万倍になっているのではないか。技能について最低でもＰＣと英語はできなくては駄目だと思う。英語を外したい教員は学生に対して不正義を働いていると思う。

人間にとって誕生と独立、つまり大学を卒業して働くことが二大事件である。誕生がお天道様のギフトだとすれば、独立してからの人間が社会になにをギフトとしてお返しできるのか。キリスト教では同じことを次のように言う。

If your birth is God's gift, what you make yourself of is your gift to God.

立派な大学で学び、社会つまり地方に gift としてお返しすることである。地方が衰退するのは大学教育を軽視するからである。

女学生が大学をよくする原動力

2015/11/5

国民的歌人、与謝野晶子の短歌が新たに見つかったとの記事が眼に入った。新潟県立大学の女子学生は8割であることがいつも意識にある。新潟県立大学の躍進が目ざましい一つの大きな理由は女子学生であるのは隠せぬ秘密である。人生、夢が叶わぬことを強く経験するのは女性の方が多いと思う。

私の小学校、中学校、高校、大学、大学院（これは日本と米国）の同級生をあれこれと思い出してみてもそう思う。そうだからこそ、機会が目の前に来たときには一所懸命になる度合いが男子学生のそれとは質的に違うのではないか。どのような機会か。それは自分の生まれた地域できちんとした大学教育を親の懐の許す範囲で受けられるということではないか。立派な大学教育を地域が生み出すことが、地域を希望の地域にするのではないか。どんなに貧困でも、どんなにそれまでの教育が不十分でも、きちんとした大学教育が受けられる機会が開放され、給付型奨学金が利用できていることが地域を夢で輝かせることになるのではないか。

私事になって恐縮だが、祖母は明治時代の本当の田舎で、出産となれば何キロでも自転車でかけつけた産婆だった。母はその田舎で毎日片道2時間半の高等女学校を卒業した。雪の深いところで学校に行くだけでも大変だったと思う。今でも英語を勉強した痕跡が残っている。

私は東京に出てからというもの12年間も無収入で勉強を続けていたが、裕福では無かっただろうによくそれに寛容だったと思う。今になってもありがたく思う。私の姉妹はどちらも高校以上は断念させられていたから、とりわけそう思う。

与謝野晶子は「君死にたまふことなかれ」と歌うがそれはどの母親でも同じだと思う。日露戦争の戦死者数は尋常ではない。乃木将軍は香川県で連隊師団長だったことがあるが、香川県、とりわけ東讃からの壮丁徴発は尋常ではないほど高かった。それでも香川県は２０３高地が日本の攻撃成功の時には大きな喜びで溢れたという。そのような雰囲気がある日本社会で、ズバリと自己表現する、そういう晶子に全女性が共感したのである。この度発見された短歌のひとつに晶子は歌う。

わが立つは 十国峠《じっこくとうげ》 光る雲 胸に抱けぬ 山々もなし

それは与謝野晶子が死ぬ直前の病床で、呼吸も困難な時に呻吟しながらできたものである。それは何人もの子供を立派に育て、誰もが異論のない国民的詩人となった今、普段には表に出さなかった女性の一生についての満たされた誇りの表現の一端ではなかったか。

新潟県立大学が何もなくとも、躍進しているほんとうの秘密は大学に沢山の与謝野晶子がいるからである。20世紀末には日本の都道府県のなかで大学進学率が下から二位の新潟県には、今や25も大学がある。

さらにいえば、11月7日号の『週刊ダイヤモンド』の「最強大学ランキング」と題する特集記事で、新潟県立大学が上位にランクインした。「グローバル教育力」で全国9位（32頁)、「総合ランキング」で46位（34頁)。総合ランキング46位は、新潟県内では、国立長岡技術科学大学の18位に次いで2位である。国立新潟大学は62位。「日本を代表する64のグローバル大学・学部」の一つとして紹介された（58頁)。

1000近くもある日本の大学のなかで、財政規模年15億円、学生規模1000人の、「清く、貧しく、美しく」の新潟県立大学がこのような躍進をとげつつあるのはなぜか。それは女子学生の存在が大きい。新潟県立大学にはすこしでも立派な大学を卒業したいという志をひそかに胸のなかに隠している女子学生が多いのである。

こういうスピリットがあると、ゆっくりではあるが志を同じくする学生が集まる。同志が多くなれば、大学の偏差値も上がる。偏差値があがれば、世間の評判も遅れ気味だが、少しずつ高くなる。

大学教育は時間がかかるし、お金もかかる。そのことを日本はきちんと理解していない。いつまでも、大坂の緒方洪庵の適塾、萩の松下村塾みたいな大学教育を考えているとしたら、大間違いである。地方自治体は義務教育（高校も含む）だけが担当、というようなことでは地方創生はまずない。立派な大学をつくろうと、地域のなかで地域のために、とりわけ女子学生を念頭に置いて、工夫努力を続ける地域が文字通り命を新しくしていくのである。

2015/11/25

外国語にものおじしないこと

私は18歳の時はじめて上京した。その2日後には大学の入試を受けた。やっとこさで東大に合格した。入学後すぐに気づいたことは東京の有名校から入学した人がやたらといるし、表面上では読書量も勉学量も多いように感じた。とくに英語の旨い人が目立った。入学した1962年には所得倍増計画もすでに順調に進む一方、他方では授業料1万円、アパートも4畳半、水道共有、トイレ共有などというところで安く、食事はすべて大学寮の食堂だった。

はじめからハンディがかなりついていることを感じたので、新しいこと、他人があまりやらないことに焦点をあてようと考えた。そのひとつが外国語である。当時は第一と第二の外国語は必修であったので、毎週英語4、5回、ドイツ語4、5回授業があり、はじめてのドイツ語でヒーヒー言っていた。そこに第三外国語として、中国語、ロシア語、そしてフランス語を取った。一週間に一回しか、授業はない。しかもあまりとる人が多くはないので変な時間帯にあった。たとえば、土曜日第3時限（12時半から2時）とかである。

なんで第三外国語を同時に三つもとるのか。そこが私の戦略である。沢山やれば一つくらい上手になるだろう。あさはかではあったが、今から考えると、外国語だからといって、怖《お》じけづくことはないという収穫があった。私はそれを学んだという凄い実績があると思えるからである。

土曜日3限の第三外国語ロシア語の授業はいまから考えると無茶な自由放任で、スパルタだった。まずキリル文字をしっかりと目に入れる。次に発音である。Rの音は強い。次は文法である。

これは活用変化がやたらと多いので、ここで挫折が多くなる。先生はそんなことは気にしない。第三外国語だから必修でない。退出したければ授業中でもどうぞ、である。6月からは、教科書（ロシア文学の短めなの）をはじめから翻訳するのが授業であった。予習してきた学生が手をあげて、ワン・パラグラフ翻訳するのである。それを先生が直してくれる。それも大体あっていればよし、というくらいである。次の学生が手をあげて、次のパラグラフを翻訳する。先生は同じようにする。手をあげる学生がいなくなると、先生は「今日はここまで」と言って教室を退出する。

無茶な自由放任で、スパルタである。毎週あと2回あれば、ラグビーのエディ・ジョーンズの効果が出たのではないかと今となっては思えないこともない。私も五郎丸歩になっていたかもしれない。ところが、ここが私の駄目なところで、発音と文法そして辞書の引き方がわかると、そこで一端終わりになる。1ページ読んで、辞書と格闘して2日かけても翻訳は終わらない。1ページ2年間かけて翻訳しているのかと思えるほど、遅々として進まない。しかし、外国語だからといってものおじしないので、その気になればなんとかなると思う。

とにかく基本的には、きりなくやった発音と、うすら覚えの文法だけで、出発進行の外国語習得法なのである。外国語の先生のほとんどはこういう方法に多分反対であろう。外国語習得が重要になっている時には、外国語だからといってものおじしないこと、すすむときには蛮勇をふるうことの重要性を強調したい。

【第5章】

大学教育は地球市民のために英語で

大学教育は高知識、高技術、高感性を必要としている

2016/1/12

大学は自由に真理を追求するところである。今でもそうである。ところが19世紀後半に大学が主として国家のための専門学校を手直しして、大学にしたのが日本の大学の起源である。それも官僚機構の人員養成のためである。少数で特権的で権威主義的であった。

20世紀後半には大きな変化が起きた。大量の高校卒業者が大学に進学することになったのである。国家の大学が薄れ、私立大学が学生数の上で圧倒した。多数で大衆的で平等主義的であった。企業が大量の被雇用者を必要とした。渋沢栄一の『論語と算盤』は19世紀後半の日本人に最低必要なのはこれだといった本である。論語とは社会の規範、算盤とは計算の能力である。

21世紀ではこれが大きく変わっている。だれが何といおうと現代社会は高知識、高技能、高感性の時代である。知識でも、技能でも、感性でも、それを職業とする以上、高くないとまず意味が小さい。第一位でなければ意味がないという方も少なくない。20世紀の大学卒業生に求められた知識、技能、感性の程度とは比較できない高度な知識、技能、感性が求められている。ところが日本の大学の多くはその社会的要請に十分には答えていない。

ＩＨＩの斉藤社長のお話を紹介しよう。新入社員の実力試験を毎年やっている。ＩＨＩの得意分野をカバーする分野についてである。金属工学、流体力学、材料科学、情報科学などなどであ

る。社長の話だと、平均点60点であるべきところ、40点で不満なのだそうである。ＩＨＩのような日本のトップ企業のひとつでさえそうである。

何が原因か。大学である。そして企業であり、政府である。知識が巨大になり、これをどの分野でもしっかりとカバーする立派な教科書が日本語では少ない。それよりも企業や政府の要請はすぐに発明、発見を進めてほしいので、狭く、深く、先端的に進めることが大学院ではとりわけ優先される。しかも企業では博士号をもっている方を嫌っている。その結果、修士号取得者の多くは意外に狭い得意分野しかもっていないことが少なくない。教授は最先端の研究発表を最優先しがちになる。世界では競争的でなければ意味がない、そういう世界に教授は生きている。したがって、教科書などを考える暇があまりない。

論語と算盤で済んだ時代は二昔前の話。いまや高知識、高技能、高感性が職業的に成功するためには求められている。

知識について、大学卒業生は白紙で来てほしいなどと企業は20世紀後半には言っていた。いまや知識習得があまりにも遅く、狭く、部分的になってきている。どうしてかというと必要とされる知識量が19世紀後半のおそらく１００倍から1万倍になっている。

技能についても、算盤ではまず無理。ＰＣとかいろいろな新兵器で知識習得に励まないとまず無理。知識が最先端でなければ、最先端の発明、発見は土台無理。得意な分野で狭ければ狭いほど、発明、発見の可能性を思いつく程度は低くなりがちだ。

感性についても、高いものが必要だ。なぜならば、人間はみな同じではないことがわかりはじめてきたからだ。同じ個人でも、朝と晩では違う判断をすることもあるとか、ひとりの個人のなかに多様な判断をしたり、同時に矛盾した行動をとったりしていることが段々わかりはじめている。どの感性をつかって、どのような感性をもつ消費者にアピールするかなど、高度な感性が職業で成功するには要請されている。比較的同質性の高い社会には苦手なことかもしれない。

世界で感性的にアピールするには、日本の感性のよいところを傑出させるアプローチと逆に、世界各地の感性の多様なところをしっかりと把握していくアプローチがある。

前者だけでなく、後者について強くなるには、世界にも開かれた感性をみがくべきである。それには言語や文化や歴史などについて身体で経験してほしい。人文社会科目は縮小すべきなどというのは、世界市場から日本は撤退せよといっていることに等しい。そういう意見がときどきあるのも理由がないわけではない。日本の人文社会科目はまず欧米の受け売りの色彩が強すぎた。

第二に、日本文化の自己愛的な、逆の方向で、夜郎自大的な言説が多すぎた。

世界を相手にする日本人の大学教育研究は高知識、高技能、高感性を格段に上げていくことが必要である。大学、企業、政府、市民などお互いの責任を批判することはよくするためには必要だ。しかし、一番重要なのはみずからがどこを直していくべきか、自省することであり、それをもとにした一人一人の行動がいまこそ必要である。

地方創生は公立大学を軸に

2016/1/18

立派な大学をつくること——それが地方創生の鍵。地方創生を経済学、人口学、環境学などの観点から多く論じられてきたが、「人間の顔」をした地方創生は意外とみかけない。人間が生をうけてから第一の関門は病気や事故にかかりやすい幼小児期である。しっかりとした病院をもっていることが地方創生の根本である。

第二の関門は、大学卒業後、社会のお役にたてるようになるべく、大学でしっかりと勉強することである。第二の関門の重要さは意外とよく理解されていない。大学は東京にまかせておけばよいというような時代錯誤的な発言も時に聞く。

地方地方に立派な大学がないとなぜ地方創生はだめになるか。まず、地方の指導者がでない。人口減少のなかでも指導者の壊滅は地方消滅に一直進になる。そして、地方の誇りというような日本や世界のどこにいても立派な人がでない。誇りがしっかりとあるから、田舎に結集するのである。立派な大学をこしらえることは指導者の輩出につながるし、誇りの源泉にもなる。地方で大学を開設しようにも、施設、サービス、教員、職員などの点で障害が非常に多い。財政的な基盤が非常に弱いのが大きな障害になっている。

今日は4つの視点から、どのようにしたら地方大学を魅力的なものにできるかという具体的な方法を考えたい。志願者にどのように魅力をアピールできるか。その時に最も大きな障害のひとつは、三流大学、二流大学というブランドからの脱出である。小規模な大学であること、小回りがよくきくことを活用する。

第一、勉学、ボランティア、スポーツ、芸術、などで傑出した学生に、そうでなくとも悩みの多い時期、学長優秀賞を出すことである。評価は教員、職員に任せる。学長は関与しない。現場を熟知する教職員の評価が重要だ。

第二、教員にはベスト・ティーチャー・オブ・ザ・イヤーを出す。評価は学生である。毎年詳細な評価表が出てくる。誰にするかは教員幹部の委員会に委ねる。学長には権限があるが、むしろ権限行使せず、よきにはからえ、でやった方がよい。

第三、グローバルな研究教育プロジェクトを創出し、教員の0・1～0・2パーセントくらい参加してもらう。小さな地方大学というとひけめを感じやすい。世間に対しても、世界を相手に研究教育に忙しいというと、少しずつよい評判も高まりやすい。第三の一例として、学術雑誌を2016年から刊行する。

Asian Journal of Comparative Politics（Sage Publications）

私が編集長、副編集長は新潟県立大学の窪田悠一先生である。編集委員会のメンバーは世界中から任命。

第四、広告宣伝である。無名であることが多い地方の大学の名前を周知すべく工夫することでである。この「新潟県立大学に関心をお持ちの方々に」もそのひとつである。この一月、新機軸で実施しているのは、ラジオに5秒広告を流すことである。学長自身が「教育力なら、新潟県立大学」、「ニーガタ、ケンリツ、ダイガクー」、「清く、貧しく、美しく——新潟県立大学」と5秒のラジオCMを作成した。Twitterなどで反応がでている。

——学長が自ら出演しているラジオCMがシュールでキモ可笑しい。

——新潟県立大学って、なんだか楽しそう? 個人的にはここ数年で最大のヒットラジオCM!! 5秒でこれだけ印象にのこるなんて。

——きっと学長は、はがき職人だったにちがいない。

——「清く、貧しく、美しく、新潟県立大学!!」は学長自ら吹き込まれた5秒ラジオCMだとか……。

犯罪件数は戦後最低になったそうである。1975年くらいから犯罪件数は増加の一途であったが、2002~3年から急速に減少し、2015年は戦後最低になっている。これは高度成長の余韻が感じられる間には、猛烈にがんばって、やりすぎて犯罪になった。低成長が1990年代から本格化してからも、諦めない人が犯罪に走り、件数は急激に上昇。ところが2002~3年からの急激な減少は、なにをしても成果があがらないことが多くの潜在的犯罪者に浸透したからではないか。最近の半沢直樹のヒットはそのような社会の風潮をテレビ・ドラマにしてうさをはらしていたのではないか。日本社会は内向きということらしいが、本当は下向きである。
前を向いて、積極的に立派な大学をつくろうではありませんか。それが地方創生の鍵をにぎっているのだ。

Tomorrow is another day.

2016/3/25

春は曙、と平安時代の女流作家は言った。朝早く、暗いなかからあっと言う間に明るくなる時はやはり感動的だ。さらに明るくなると、草木の新葉《しんば》が目立つ。黄緑色もあれば、赤い色もある。葉がまだ大きくなっていないので、この時期に咲く花は純粋で、キッパリとした感じを与える。

国際政治学会がアトランタであり、私もラウンド・テーブル「カントの方法によって平和を探究する」と、パネル「アジアにおける政治学の発展」を主宰した。

前者は旧知の友人が喧々諤々の討論を行った。参加者の出身は韓国、香港、インド、ノルウェー、日本であったが、東アジアではこの35年対外戦争で戦死者がほとんどいないことをどうみるかということが討論の中心になった。中国とベトナムの小競り合いや、韓国と北朝鮮の近親者同士の殺戮などを除けば、である。

後者は、政治学がアジア各地でどのように発展してきているか、どのような政治学が形どられてきているかを討論した。タイ、モンゴル、中国の政治学について発表があった。

この3月にSage Publicationsという大手の学術出版社より『アジア比較政治学雑誌』（Asian Journal of Comparative Politics）を立ち上げた。私が編集長を務めているのだが、今回の学会はこの学術雑誌を披露する機会でもあった。何かと何かを比較しながら、新しい法則みたいな規則性を政治でみつけるのが比較政治学である。

一方で、共通の枠組みや概念で、統一的に理解をすすめようとするものがあるかと思えば、他方で、ものごとの相違に敬意を表して、比較記述する考え方もある。アジアの比較政治学の多様性には今更ながら驚かせられる。

アトランタといえば、米国南北戦争を舞台とした有名な小説（映画）、『風と共に去りぬ』の場所である。会場から10分くらいのところにある地上20～30メートルの建物の最上階の回転レストランで昼食をとった。1時間で1周のレストランは景色が抜群で、平らなサバンナが続き、背の高くない灌木が地面を這っている。建物のつくりも南部調なのか、トイレに行くのも鍵を使うサーバントに頼んでエレベーターを使う。通りには白い木蓮のような花が咲いている。葉が出ていないから、花だけがくっきりと通りに浮かび上がる。

春は卒業式と入学式の季節でもある。大学は出ていく人あれば、入ってくる人ありである。ついこの間あった卒業式で、卒業生代表はとても生き生きとした表情で、溌剌としたマナーでとても立派な答辞をやり遂げた。偉い。本学の卒業生は違う。ゼロから出発し、7年の歳月のなかで、グローバル教育力全国第9位になったのだ。

アトランタもゼロから出発した。春に葉が出ないうちに白い花をキリッと咲かせたのだ。北軍に町を焼き尽くされながらもヒロインの名ゼリフ、"Tomorrow is another day."（明日は明日の風が吹くわ）と敢然と困難に立ち向かったのだ。アトランタは全世界に愛好者を引きつけるCNN（テレビ）やCoca Cola（飲料）の本社を擁する地方創生の模範だ。新潟県立大学もスカーレット・オハラに続け！

2016/3/28

英語は強い心臓で、現地語は温かい気持ちで

3月30日に提携校との協定調印が2件入っている。ひとつは、中国対外経済貿易大学、もうひとつは、インドネシアのボゴール農科大学である。前者はすでに相手の副学長以下が新潟の訪問協議を終え、今回は学長の私が訪中、協定調印と記念講演を行う。

講演は"Demographic Change and Asian Dynamic: Social and Economic Implications," Asian Economic Policy Review, vol.4, No.1（2009）, pp.142-157. という私の著わした論文をアップデートしたものである。

後者もすでに相手方学長以下が訪日、協定は調印済みだが、村山伸子教授が今度はインドネシアを訪問、協定実施の作業内容と日程を決める。

前者では私の講演の初めは、得意（?）の中国語で挨拶をする。1時間の講演は英語である。後者でも、村山教授にインドネシア語を少しだけでも入れてくれと、私が頼んでいる。次のワン・センテンスを覚えてくださいとお願いした。

Hari ini saya sunan munbicharakan tuntan nutrition Indonesia.（今日はインドネシアの栄養学についてお話しいたします）

村山教授はまったくインドネシア語などは聞いたこともやったこともないのだが、私はこのワン・センテンスだけは覚えていきましょう、わからない単語は英語（たとえば、nutrition）を入れればよいのです、あとはTerima Kasih Dr. President, Terima Kasih Dr. Dean. とやればまちがいない、と言っておいた。

私は1991年スハルト時代に3カ月、ガジャマダ大学で客員教授として過ごしたが、その時の経験が役立つ。英語は強い心臓で、現地語は温かい気持ちでというのが、私のモットーである。

今年の一月、「アジアの価値観と民主主義」というシンポジウム（日本経済新聞主催）に私も参加したが、インドネシアの前大統領スシロ・バンバン・ユドヨノ氏も参加した。安倍総理がアジアからの朋友のために、大きな夕食会を開催された。

その前のちょっとした時間に、ユドヨノ前大統領に、卒業されたボゴール農科大学と新潟県立大学は提携校となりました、私はスハルト時代にガジャマダ大学で教えました、私の友人はヤヒヤ・ムハイミン教授（現在インドネシア大学、スハルト時代はガジャマダ大学、アブドラフマン・

ワヒド大統領時代の教育大臣）です、などを話したら、日本とインドネシアの絆も段々強くなっていることにまんざらでもないというような表情をされていた。
日本の大学は欧米だけでなく、アジアの大学とも、学生だけでなく教員もお互いに教えたり、学んだりしてほしいものである。

入学式式辞

2016/4/12

入学式も無事に終わった。天気は快晴、桜は満開、その日は満点だった。しかも新潟県立大学には良いことだらけであった。昨年までは多めに合格通知を出したかなと思っていると、丁度よい入学者数になるのが普通だった。
ところが今年はちょっと多めに合格を通知したら、合格手続きをとる割合が飛躍的に増加した。優秀な学生がたくさん入ってきて学長としてこんなに嬉しいことはない。後援会が昨年度に寄付してくださった植樹のうち、れんぎょうは大きく黄色の花をさかせている。入学式の式辞は如下。

式辞

本日ここに、新潟県立大学に入学された３０６名の皆さんに、教職員を代表して歓迎の意を表したいと思います。皆さん、ご入学おめでとうございます。難関を突破してきた皆さんに敬意を表するとともに、皆さんが更なる学習の場として新潟県立大学を選択してくれたことをとても嬉しく思います。教職員が一丸となって、皆さんの学生生活が有意義なものとなるよう尽力していきます。また、今日まで共に歩み、励まし、そして支えてこられましたご家族の皆様にも心からお祝いを申し上げます。

本日は、泉田裕彦新潟県知事をはじめ、小島隆新潟県議会総務文教委員長、中野進新潟県立大学後援会会長、佐藤徹新潟県立大学保護者会会長、富山歩新潟県立大学同窓会「かざし会」会長にもご臨席いただきました。この場を借りてお礼申し上げるとともに、後ほど泉田知事からご祝辞を賜りたいと思います。

さて、皆さんは今大きな夢と希望を胸に、これから始まる様々な可能性に心躍らせていることでしょう。新しい友人、先輩との出会い、サークルやボランティア活動等、いろいろなことにチャレンジしてください。そして、たくさん学んでください。

皆さんはこれまで、与えられた課題をこなし、正解を求める勉強、先生や教科書のとおりに従う、いわゆる受身の姿勢で学んできたことと思います。大学での学びはそれとは大きく異なり、課題を自ら探し出し、自分で答えを考えることが求められます。最初は戸惑うことが多いでしょう。ですが、答えは無数にあります。あらゆるものに好奇心を持ち、質問を続けることが大切です。好奇心があれば、物事を様々な角度から見ることができるようになり、問題点やニーズを見つけることができます。そして「なぜ？　何？　何だろう？」と幼い子供が大人に質問をするのと同じように、一つのことに対して質問を続けることによって、その問題点やニーズの本質に入っていくことができます。それにより、論理的な思考能力、発信能力が身につきます。更に自分の意見を恥ずかしがらずに言える積極性・自主性も身につけてください。間違いはないに等しいのですから。

今、日本は、急激な少子高齢化と人口減少という大きな課題に直面しています。その一方グローバル化が進展し、今や一つの国が単独で生きていくことはできないほどになっています。そのような中、新潟県立大学は地域と連携し、地域の課題解決に取組み、それを更に世界の課題解決に応用できる人材を育成しています。

昨年、本学は週刊ダイヤモンド誌の最強大学ランキングにおいて、「グローバル教育力」の分野で第9位にランクインしました。「総合ランキング」でも第46位になりました。開学からまだ7年しか経っていない本学がこのような快挙を成し遂げたことは、ひとえに皆さんの先輩が築き上げてきた歴史の賜物といっていいでしょう。どうか皆さんもその一員となり、教育・研究の質を一層高め、今度は世界の大学ランキングに新潟県立大学の名前が載るよう力を貸してください。

最後に、入学生の皆さんに私の好きな孔子の論語をお贈りします。

子曰。學而不思則罔。思而不學則殆。

先生はおっしゃった。「学んでも自分で考えようとしなければ身につかない。自分の考えだけで他人の説を学ばなければ独断に陥る危険がある」と。

皆さんが、自分で考え、他の人の意見も尊重し、これから始まる大学生活においてすばらしいときを過ごされることを祈念し、式辞といたします。

平成28年4月8日

新潟県立大学
学長 猪口孝

式辞というと、思い出したことは二つ。まったく関係ないのだが、式辞は難しいものだといつも思う。

ひとつは某大学某学長の式辞で、「太った豚になるな」という式辞がある。当時は高度成長時代の始まりで、なかなか良いことをいってくれたというような新聞の記事もあった。私もそうかなあとも思ったが、授業料が年一万円、四畳半しかないアパート家賃が、もう忘れてもいいような感じの価格だった。したがって食事なども格安なところしか行かなかったから、太ることはまず可能性として無かったような気がする。実際、そのころの体重は高校生の体重測定値とほとんど変化がなかった。

もうひとつは葬式である。私のお世話になった方が亡くなり、そのミサが四谷のイグナチオ教会であった。その方がキリスト教信者とはその時まで知らなかったのだが、神父様の言葉に感心した。「人は生まれ、人は悩み、人は死ぬ」という言葉である。神父はジョセッペ・ピタウさん。

もう亡くなったが、立派な方だった。ジュリアス・シーザーの『ガリア戦記』の「見た、来た、勝った」を思い出す。ラテン語でいったら、動詞が三つあるだけなのだろうと想像した。

もうかなり前にお亡くなりの丸谷才一さんは旧制新潟高校卒業で、とてもお世話になったが、著書のひとつに『挨拶はむづかしい』という本がある。この問題で悩んでいる方は是非ご一読を。

高知識・高技能・高感性の社会を大学は作れるか

2016/5/9

人口減少が若者にジワリジワリと影響を与えている。

人生設計というとおおげさだが、保育園、幼稚園、小学校、中学校、高校、大学、大学院、生涯学校と続くなかで、教育費が異常に高くなっている。半世紀前、国立大学の授業料は年1万円だった。今は60万円くらいではないか。半世紀前、同世代のなかで大学に進学したのは10パーセントくらいではなかったか。今は50～60パーセントになっているはずである。二つの大きな変化が大学教育に携わる人を悩ませている。

21世紀は高知識社会、高技能社会、高感性社会になっていると言われる。それに見合った大学教育を用意するのは容易でない。知識に限ってみても、斉藤美奈子氏（新潟高校同窓の）によると、半世紀前に古典として大学でなにを学ぼうと学ぶまいと、うっすらと著者と本のタイトルくらいはかなり知っていた。ロックとかダーウィンとかマキャベリとかである。ところが今の大学生は古典的な書物はほとんど手にすることもないようだ。さらに専門の教科書に親しんでいるかというとそうでもなさそうだ。

私が学生の頃は、ノーベル賞を受賞した学者の化学の教科書を授業では読ませられた。数学では高木貞治の本を無理して読んでいる友人もいた。今はそんな暇がなさそうだ。専門領域は100倍も広くなり、100倍も深くなっている。教科書というよりも、一つの研究課題をこなすうえで、最低必要な論文を20本とか50本読むのに四苦八苦しているようだ。

斉藤美奈子氏によると、東京大学出版会の広告紙に毎年新入生に教員が勧めたい本のリストが出るが、2016年の特別号に言及されている本は古典でも教科書でもない場合が少なくないそうである。大抵の人には聞いたこともない本が圧倒的だそうである。

高知識、高技能、高感性がかなりの程度で期待されるとしたら、大学教育は4年では足りない。大学院も二つくらい博士号を必要とすることも必要な職業もでてきている。教員はその研究の遂行のために、学生は支払う授業料の高騰のために、お金がいくらあっても足りなくなる。

日本社会は大学教育を軽視していると思う。政府の大学教育支出はOECD諸国のなかで最低を記録しているし、保護者家族の教育支出は毎年上がる一方である。地方の公立大学の学長をしていて強く感ずるのは20世紀型の巨大大学は、高知識、高技能、高感性の社会に実効的に、効率的に適応できないということである。

小さな哺乳類動物の登場であっという間に（100年とか?）消滅した巨大爬虫類動物のよう

な運命がまっているのだろうか。

奢侈に溺れ、出世に執着し、勉強に専念しない

2016/5/23

この歳になると、意識せずに昔のことが涌き出てくる。

私の尊敬するヘンリー・ロゾフスキー教授は1980年代半ばにハーバード大学でお会いした。日本経済が専門である。どうして日本経済なのか。ロシアの近代化にくらべてなにか引きつけるものがあったらしい。ドイツのヘルムート・シュミット首相も博士号が日本経済である。さらに、ブラジルの大統領、フェルナンド・カルドーゾの夫人はブラジル日系人の社会について博士号を獲得している。いずれも日本の発展がなにかをひきつけたのだろう。

ロゾフスキー教授は面白いことを言う人だが、日米教育比較がそのひとつだ。日本は義務教育が抜群だが、米国の義務教育はなんとも言えない。しかし、大学院教育となると、米国は抜群だが、日本の大学院についてはなにも言わない。なんとも言えないではなく、なにも言わないのである。あまり欠点を言ってもしょうがないと思っていたのだろう。

日本の大学院を充実させるにはどうしたらよいのだろうか。私も日々考えているが、ロゾフスキー教授とともに何も言わないようにしたいと思うときがある。特に、最近大学院のグローバル化が目標になっている常態が30年つづいていながら、個々に制度改革が少しずつではあるが正し

くなされているようなところもあるが、根本において私の考えでは間違っている。

ロゾフスキー教授の親戚の一人は、ロシア臨時政府のケレンスキー内閣の閣僚だったそうである。20世紀はじめに家族とともに米国に移住したのだろう。その時に言語はどうだったのだろう。まだ子供だったので何も難しさは感じなかったのではないか。一世代おいて、つまりわたしと同じ世代の、たとえばピーター・グールヴィッチ教授（カリフォルニア大サンディエゴ校）はロシアからフランス、フランスから米国へと移住した。言語は困難なく習得したのだろうか。どうもそうらしい。必死になっているから、言語は自然に身につくのだろうか。ちなみにグルーヴィッチ教授は、アメリカのOberlin Collegeで学んだ。

日本では近代化に伴い、急激に日本語化した時期が19世紀だったのではないか。

緒方洪庵が適塾で、オランダ語で書かれた医学書を必死になって辞書ひとつで塾生に読ませたのが19世紀前半。福沢諭吉も塾生。毎日それだけに集中の日々が続く。緒方洪庵の方針では、大都会育ちは遠慮してもらう主義だった。塾生にむかないとした。21世紀の日本社会は地方の田舎をどんどん消滅させて、大都会の周辺的延長のしくじったものにしているのではないか。したがって、洪庵の方針は田舎者に限るとしていた。大都会育ちは奢侈《しゃし》を好み、出世に執着し、勉強には専念せず。福沢諭吉のような中津藩（大分県の田舎）出にしか向いていないものだったらしい。

21世紀の日本社会では田舎者で洪庵の基準に合格するものがいなくなっているのではないか。そのことが日本の大学院についてロゾフスキー教授をしてノーコメントにしたのではないか。日本語化するスピードが急速であったがために外国語で必死に読む、書く、聞く、話すことが当たり前どころか、極端に稀で異常になってしまったのではないか。

3月に、北京の中国対外経済貿易大学に新潟県立大学との提携合意書に調印しに出掛けた。そのときに感心したことは、中国学生の意欲が高いことであった。

アジアの人口減少とその含意について私が発表した後、討論になった。私の発表は英語だが、討論はなんでもござれであった。先生が英語でと言うと英語になり、日本語で言うと日本語になる。中国語でと言うと中国語になる。中国対外経済貿易大学は北京のど真ん中、建国門外の近くで、優秀な学生で溢れている。教科書は大学院となると、圧倒的に英語である。中国語でも教科書は沢山あるが、英語は教科書であって、中国語は参考書のようなものらしい。

日本では19世紀、洪庵的状況が一世紀近く続いたが、中国ではまじまってからまだ半世紀も経っていないのだ。中国はしかも田舎から都会に溢れ出てくる若者がまだまだ続々と出てくる。日本では一流国立大学新入生の多くが東京圏の高校出身に限られている。洪庵の言う大都会出身が圧倒的多数で一流国立大学に入ってくる。そういう新入生は、(1)エネルギーを使い果たしてしまったか、(2)なんでもクールにこなすがそれ以上でないかのどちらかが、大方なのだそうである。奢侈に溺れ、出世に執着し、勉強に専念しない、そういう新入生が圧倒的なのだ。

日本の大学の難しさは言語も日本語、教育も就職のための手段的な考えでやっているために、いまひとつ冴えない将来が日本をまっていることではないか。

独立・勤勉・正直よりも、思いやり

2016/6/6

新潟県立大学は国際地域学部と人間生活学部から成る。そのせいか、日本保育協会北信越ブロックから講演を頼まれ、「慈愛に満ちた仕事、やり甲斐のある職場」という講演をすることになった。講演は2時間というから、大変だ。大学教員は1時間や1時間半の授業には慣れているが、2時間の講演、しかも日頃から親しんでいない主題についてだからなおのことである。保育園は子供の最も重要な発達時期を担当するもので、なんとか保育園や保育士が講演のタイトルにあるような理想から離れないことを願って準備している。

そんなこともあって、子供の発達、成長に関心がたかまっていたところ、北海道の親の躾の事件が発生、しかも1週間後に発見、解決となった。21世紀はじめの日本の親はどのように子供の規律や躾を考えているかが意外とよくわかった。

北海道の躾事件を見ながら思ったことは、半世紀前の私自身に大和くんに似たような経験はあったたか。思い出すことは、挨拶をしっかりと出来なかった時、母親の口癖は、子供の躾がなっていないと母親が笑われることになるということだった。幼稚園のころのことだ。納得いかなかった私はふてくされて、押し入れの布団の中に入り込み、寝てしまったことを覚えている。私が行方不明だと少し大騒ぎしたらしいが、夜になって押し入れをあけたら、ねぼけまなこの私がずりおちてきた。

躾に関連して、私はアジア・バロメーターという大規模世論調査を文科省科学研究費で実施した。そのデータを分析すると、東アジアの社会のほとんどでは親が躾の時に強調するのは独立、勤勉、正直の三点である。ほかの9個の規範・価値観よりも突出している。東アジアとは中国、台湾、香港、シンガポール、韓国、ベトナムそして日本である。

日本だけは違う。独立というよりは親に寄生、勤勉というよりはいい加減、そして正直というよりは嘘も方便の日本社会の規範・価値観が出ている。これら三点の規範・価値観よりも、「思いやり」が突出するのが日本社会である。２０００年代半ばの世論調査である。その後10年で大きな変化の兆候がではじめているのだろうか。大和くんはその先駆けなのか。

2016/6/17

大学教育は日本の大問題

公立大学にとって重要な政策課題はなにか。

回答せよという公立大学協会理事長からアンケートがきている。こういうアンケートに回答する頻度が２００９年以降でくらべてみても増加しているのではないか。それも自分の業界以外のもいろいろあり、答えるのに苦労する。私は回答が自由記述式を好む。選択肢をみてどれにするかと迷うほど面倒なものはない。今回は自由記述式なのですぐに取り組んだ。如以下。

一番重要なことは学生に教育をしっかりと与え、将来世界でもしっかりと仕事ができるように育て、公立大学を伸ばしていくことである。そのためには、日本の大学は首都、東京をみるのではなく、世界をみることが重要である。東京をみると、古くて大きな大学がひしめいていて、田舎の公立大学はその組織、その財政をみただけで複雑な感じをもちやすい。日本だけが世界でないことを認識し、世界のどこかとの連携をみつけ、ニッチやそのブランディングをすすめるようにしたらと思う。

国家の政策はその利益伸長のためにも、国立大学に大きな財政的支援を差し伸べる。しかし、問題は国立大学の組織が時代錯誤になりつつあることである。国からの財政支援があってもそれをうまく実効的に結果を出せるようになっていない。蛇壺組織の悪弊から、しかも年輪があまりにも古く重ねられていて、自分自身を活発に支えるようにしていけない。

それにくらべて公立大学は組織的にも比較的新しく、財政的にも小規模で、時代錯誤の悪弊の度合いは比較的少ない。外国の大学で波長があいそうな大学とともに、教育や研究を部分的に伸ばしていくことが、公立大学のこれからの発展にとても重要になっていくだろう。財政的には恵まれていない大学がほとんどであるが、それはそれなりに工夫努力を重ねることによって、少しずつ伸ばしていけるだろう。

なんでもかんでも東京に視線が向いて気が滅入るようになってもつまらない。視点を変えれば、国立大学は19世紀の奴隷制度のように時代錯誤的な組織になりつつあるようにみえる。私立大学も20世紀高度成長にうまれた徒花のような組織に見えるときもある。

公立大学は緒方洪庵の適塾が田舎者に入学者を限ったことに象徴されるように、贅沢を好み、勤勉になりえず、出世ばかりを気にする大都会出身者を排除していくくらいの気構えをもつべきではないか。日本では東大入学者の37パーセントは東京都の高校出身、中国では大学進学者の95パーセントは大都会の高校出身である。大学教育は悩ましい問題である。

2016/6/20

英語で学術書を執筆刊行するわけ

２０００年代からこのところずっと継続的に関心をもちつづけていることのひとつに、制度に対する信頼がある。20年くらい前に電車に傘を忘れたことがあった。そのことを駅の紛失係に届けたら、しばらくして連絡があり「どこそこに取りに来てください。紛失物がみつかりました」と言う。紛失物が持ち主に戻る頻度が世界でも高いのが日本であるという記事をみつけた。日本社会の制度信頼はどのくらいなのだろうか。日本だけを見てもなかなかわかりにくい。ほかの国と比べるとどこが違うかがわかりやすい。

２０１５年~２０１６年にマレーシアの国際イスラム教大学（マレーシア）と新潟県立大学が制度に対する信頼を共同世論調査で調べた。「アセアン日本シンポジウム」（２０１６年４月）で発表したのだが、次のことが浮かびあがる。

マレーシアは、多くの政治制度に対して信頼が結構高い。日本はどちらかというと低めである。マレーシアでは議会、政党、政治指導者、公務員、裁判所、警察、軍隊など、日本よりおおむね高い。日本で高いのは、軍隊、警察、裁判所である。いずれも専門的な基準でテクノクラティックに補充される。日本で低いのは民主的な制度の軸として機能する政党、議会、政治指導者、公務員などである。マレーシアの政治体制は選挙民主主義とか権威主義的民主主義とかいわれる。日本は自由民主主義に普通分類されている。

先進民主主義国ではどうなのか。

G7諸国は意外と日本と同じで、議会、政党、政治指導者、公務員はなかなか高い信頼を得ているとは言いがたい。日本は他のG7諸国に似ている。米国はどの制度に対しても信頼は非常に低い。議会、政党、政治指導者、裁判所、警察など、非常に低い。米国市民の信頼が57パーセントと非常に一段と高いのが軍隊である。日本の制度信頼が高いのは軍隊、警察、裁判所であるがなかでも軍隊は偶然にも57パーセントで米国と同じくらい高い。米国の数字はAP-NORCという世論調査（2013年）のものである。米国は軍隊だけが信頼に足ると言っているようだ。

マレーシアでは制度に対する信頼はそこそこだが、他の新興国・途上国ではどうなのか。ラティノバロメーターという世論調査（2015年）によると、ラテンアメリカのすべてで、政治制度は全面的に市民の制度信頼は非常に低い。

とにかく低いのはどの国でも似ているらしい。ラティノバロメーターは政治制度だけでなくより広い社会制度を質問の対象に含めている。そうすると、家族がダントツで信頼されている。次は教会である。第三番目以下は非常に低くて話にならない。軍隊も警察も議会も政党も政治指導者も裁判所も公務員も非常に低い。世の中は家族頼み、神頼みみたいである。

このような制度に対する信頼について英文学術書を執筆している。日本にいてどうして英語で学術書を刊行するのか、とよく聞かれる。

英文学術書（そして英文論文）を刊行すると、フィードバックも少なくないし、それが引用される頻度も数字になって出てくる。グーグル・スカラー・サイテーションズは40歳代から始まり、50歳代、60歳代、そして70歳代にはいっても、毎年の頻度は若干の例外もあるが、基本的に単調増加である。英語で執筆すると日本語で執筆するのにくらべて3〜5倍時間を使うが、このことを考えるとやはり英語で執筆刊行になる。

タイムズ・ハイヤー・エデュケーション世界大学ランキング 2016/6/27

丸山真男のいう蛸壺型社会・組織論は、最近の日本社会の停滞をある程度説明するときに、洞察力の点で鋭いと思う。なぜか。

たまたま世界で学術図書刊行数が最大の企業の方のお話を聞く機会があった。世界の大学ランキングについて言及があり、それについて参加者から質問があった。関連して私も質問した。

それは最近のタイムズ・ハイヤー・エデュケーション（ＴＨＥ）の世界大学ランキングで１０0位以内に日本の大学が2つしかランクされていないこと、アジアに限っても東大が辛うじて７位、１位と2位はシンガポールの大学、下の方に日本の東大が7位、３位以下中国系の大学が５校、韓国系の大学が2校となっている。

ＴＨＥやその他のランキングを見ると、どれも日本の大学が年々着実に後退しているが、日本の大学人の反応を聞くと、根本的な視点、つまり指標が全然違うのでしばらく後退の継続になるのではないかという気がする。

ＴＨＥなどの視点は21世紀に入り、知識、能力、感性など沢山の事柄について求められているのに、大学では狭く、深く追求するのがこの半世紀以上極端になっている。博学博識というと知識だけと誤解されるが、レオナルド・ダ・ビンチのように広い視野があり、深い洞察、そして高い技能があることが21世紀では強く求められている。

ところが大学では浅く教育をし、狭く研究するのが生き残る道なりとでもいいたげな時間配分が普通になっているのではないか。蛸壺型学者が一番尊重されるのではないか。一時、それは専門馬鹿と揶揄される時も20世紀にはあった。しかし、その趨勢は留まることを知らず、現在に至るまでそれが主流になっているのではないか。さらに大学行政サービスに参加するのに非常な時間と集中力を割いているのではないか。それは蛸壺型組織の大きな特徴である。

21世紀になってから、大学教育で目立つことは次の三点ではないか。

第一、世界的に大学に進学する人口が半世紀前に比べて5倍から10倍になっているのではないか。第二、大学教育にかかる費用、そして学生が支払うお金が半世紀前に比べて、50倍から50 0倍になっているのではないか。第三、高知識、高技術、高感性が広く、深く要求されるようになっているのではないか。

大学教育はその大学だけでなく、その大学が置かれている国家社会のためだけでなく、広く世界中の学びたい学生志望者に大きく開かれた、ユーザー・フレンドリーの教育サービスを提供することが目標になっているのではないか。

しかも無機化学、情報工学、材質科学、機械工学などと細かく分けて、専門分野だけは強いが、応用分野になると、無力になるのではなく、忍耐力、社交力、そして好奇心のような訓練で出来る性格、習慣、生き方のようなものが、死活的に重要になっているのではないかと、全米経済研究所（NBER）のヘックマンとカウツが論文に書いている。私もそう思う。

そういう視点からみると、（1）教員の学力・研究力の指標（被引用論文頻度）、（2）教員のダイバーシティー（男女比、国籍の多様性、年齢の多様性など）、（3）学生のダイバーシティー（国籍の多様性、年齢の多様性など、経済的財政的余裕・困窮度、興味関心の多様性など）、そして（4）世界のどこの志願者であっても、受け入れ、立派な卒業生を輩出できる大学として教職員も学生も世界で一番通用する言語、英語で、授業、討論、研究、なんでもやる大学が世界大学ランキングが高いという視点にたっているのではないか。

日本は、日本の国家社会のためだけにあると言っていては、21世紀が深まるにつれ、年々通用しなくなるのではないか。通用はするかもしれないが、大学教育が日本社会に貢献し、さらにひろく世界に貢献していくことにおいて、年々後退一方になるのではないか。世界大学ランキングで、たとえば東大の単調低下が常態化するのではないか。それは残念だ。

最初の質問に戻ろう。世界はおろか、アジアでも第七位となっても反応はあまりない。THEの世界大学ランキングは被引用論文頻度の指標を見るとき、ウェブ・オブ・サンエイスではなく、スコーパスを参照することに2、3年前に変更したという。東大は理医工系では単調に年々減少、人文社会系ではほとんど被引用頻度が極端に低すぎで問題にしようがない。

スコーパスの特徴は、カバーする学術雑誌が第二次世界大戦来の雑誌に加えて、この30〜40年に刊行された新分野の雑誌を大きくカバーしていること、人文社会科学分野の雑誌を大きくカバーしていることである。東大図書館ではスコーパスを購読していない。独ソ不可侵条約締結のニュースに対する平沼騏一郎首相みたいではないか。

2016/7/1

広い視野、深い洞察、高い技能

新潟県立大学の教員はいろいろ本を刊行している。

最近では、本学リュドミーラ・クラピーヴニク客員教授と本学水上則子教授が共著で『ことわざと成句が語るロシア文化』という300余ページの本を勉誠出版から刊行している。これはロシア語と日本語からなり、ロシア語がわからない読者にもなかなか面白い。

たとえば、umeyi skazat', umeyi smolchat'は、しゃべれるようになれ、黙れるようになれ！である。思い出すのは権威主義体制下の社会でどのように適応しているかである。エジプトでは「アラブの春」後には親は子供にOpen your mouth...only to your dentist.というそうだ。ロシアでは征服者や独裁者や沢山の難しい支配者がときどき出てくるので、しゃべれるだけではだめで、黙れるようにもならなければならない。

戦前期の自由主義的国際主義の論者について日本と米国を比較する共同研究を推進している。私は南原繁について書いている。南原繁について感心するのは、黙れることを知っていることである。1930年代~1940年代、日本の権威主義体制の下での著作刊行は時評的なものは一切せず、一切話題にしないという態度がはっきりしている。にもかかわらず、大きなリスクを負いかねないこともやる。

第一、欧州文化思想史の展開のなかにナチス・ドイツの不可避的な崩壊を予言する著作を、ドイツの敗北の兆しがみえてきた時に刊行している。三国枢軸がまだ生きていたときではあるが、この書物の刊行は当時ではヤバイと思われるものだっただろう。とにかく当時の日本では、東大や京大の沢山の教授が逮捕されたり、辞職したりしている。空襲頻繁、物資不足で人々はそれどころではなかったのだろうが、リスクはリスクである。

第二、1945年和平工作を同僚などと画策した。別な和平工作をしていた吉田茂は自宅蟄居の罰を受けるが、南原は無傷であった。

第三、第二次世界大戦敗北直後、貴族院議員として1946年の新憲法草案に意見を求められ、法律と軍隊がしっかりとしていない国家は国家ではないというマキャベリを引用して、新憲法草案（軍隊廃棄）に反対している。連合国占領下であるから、権威主義下と似ている。言論の自由は限定的である。

第四、同様に、天皇象徴制に反対し、天皇主権君主制を主張している。同時に、最高司令官として戦争敗北の責任を負って、天皇は退位すべきと主張している。

第五、1949年末〜1950年始め、連合軍最高司令官ダグラス・マッカーサーの意を受けて渡米している。当時、国際連合憲章は1945年にできてはいたが、集団安全保障の条項は冷戦の激化で機能するかどうかは予測不可能であった。

マッカーサーは軍人エリート一家の育ちで、陸軍学校で一番の自分は大統領に当然なるべきだし、なるはずだと思っていた自信家である。国連憲章集団安全保障の条項を激化する冷戦の下、なんとかして使えないかと思っていた。

日本では戦争講和の方法を巡って分裂が激しかった。右では吉田茂首相は米国とその同盟国との講和を主張、左では社会党や共産党などがソ連邦や中華人民共和国などを含めた講和を主張した。当時、戦争直後、米国軍は勝利とともにほとんどの将校兵士を軍役から除役していたので、冷戦激化の下、国連軍の集団安全保障条項を使えまいか、国連軍に軍隊を供出する国はないかと多分考えていただろう。

南原は、軍隊は国家に不可欠だという信念の持ち主ではあったが、国内対立激化の下で警察予備隊を経由して自衛隊が作られていく過程であった。それは所与の要件として現れはじめていた。南原は前段階の自衛隊の将校兵士を国連軍に供出することで、やはり現実となっていた新憲法の軍隊廃止の条項を一定限度満足させようとしていたのではないか。南原流に転んでも、吉田流に転んでも、日本は大丈夫というようにマッカーサーは考えていたのだろう。

1950年6月の国際連合安全保障理事会でのソ連邦の欠席で、集団安全保障条項を使って、米国や英国やトルコなどから将校兵士が供出され、朝鮮戦争は戦われることになった。

喋れるようになれ、黙れるようになれ！

知ることは力なり

2016/7/19

新潟県立大学では地域の方々との交流を大事にしている。そのなかのひとつが「国際情勢講演会」である。外務省の支援で外務省ＯＢを1年に3回お呼びして、講演をしてもらう。すでに8年目になる。大体春学期中に3回やるようにしている。このところ質的に変化がみられる。

第一、大体平日の午後1時から60分講演、30分質疑応答である。聴衆は65歳以上の男性の高齢者とおぼしき方が5割、女性が3割、のこり1割はその他学生などである。平均120~180人くらいが参加する。新潟駅の近くの新潟市運営の階段状になっている、大きな講演室で開催する。

第二、質問がはじめは新潟弁でいうと、「しょうしがって」なかなかでなかったが、このところ質問が沢山あって時間切れになることが多い。消極的で人前では恥ずかしがり屋と言われる新潟の人も、国際情勢講演会が親身に感じられるようになったのではないか。

第三、質問の性格がちがってきたことである。以前には質問する方が考える正しい外交路線に照らして政府の政策はなにかよくわからないが間違っているのではないかという感じの性格のものが多かった。この頃はそういうものも当然あるのであるが、質問自体が「高級」になっている感じがする。たとえば、自由貿易を推進しようとする環太平洋パートナーシップ協定の将来について米国の調印と批准について質問がある。これは大統領選挙の候補になりそうなトランプは否定的で、クリントンも消極的というが、米国はどのようなことになるのか。オバマ大統領任期中になにかあるのか、少なくとも共和党下院多数は賛成なのだから、というような質問である。条約は米国では連邦議会が肝心であることをご存知なのである。よく勉強している、新聞や書物に親しんでいる感じの質問である。

私はこのような動きをみながら、2016年の新学期に、国際情勢講演会に3回参加した方には新潟県立大学の「国際学ハカセ」の認証が与えられることを発表した。国際学博士の学位をやりたいのだが、そうもいくまいとカタカナを使うことにした。

これに対する反応は素晴らしいにつきる。さらに質問が増える。よく予習してくる。また来年も楽しみにしてますという中年とおぼしき女性がわざわざ私に近づいてきて嬉しさを伝える。なんで秋もやってくれないのかという年金生活者とおぼしき男性が陳情に来る。講師に色紙を出してサインを求める方が毎回出ている。

地方のルネサンスは自力で這い上がることが肝心である。市民が、県民が、自分の置かれた環境のなかでどうしたら福祉の向上を可能にできるのか。新潟県は新規の会社立ち上げの県人口当たりの数が日本のなかでも一番低いか下から数えてすぐといわれる。消極的なところである。経済が停滞気味なところである。質問をしないのが日本人とよくいわれる。

新潟県立大学の「国際情勢講演会」に参加する方は違う。TPPが、英国のEU離脱が、日本経済、新潟経済、そして自分の家計にどのような影響をあたえていくのか。質問がよく出てくる。質問をすることは自らを啓発する機会をつくることである。知ることは力なり。新潟県立大学がその一助になれよかし。

2016/7/21

学術書籍の世界的趨勢を先取り

学術書籍は本の後退に最も強い負の影響を受けているはずである。とくに日本の書籍はそうだ。市場が狭い上に、国外に市場を開拓するという覇気もなく、国内では流通部門に首根っこを押さえられたままで、しかも読書家の消費意欲は消費一般と同じように停滞の一途。

そのなかで、英語の学術書籍の売り上げは伸びていると思う。その生産もしかり。なぜか。理由は三個。第一、世界を市場にしているので、国内の需要は相対的に気にしなくてもよい。第二、なかでも世界で大学教育に対する需要は年々拡大している。新興国の需要はすごいものがある。第三、出版社が学術出版を真剣にビジネスの根源とする社会では、当然ながら学術出版社が新規需要に答えるべくどんどん技術革新を進める。

私も世界的趨勢を感ずる。新潟県立大学にそのような市場の動きが感じられたことを私の知る限りで要約したい。

第一、Asian Journal of Comparative Politics（SAGE Publications）を編集刊行している。私が編集長、窪田悠一博士が副編集長である。編集委員は全世界に跨がっている。編集委員会は一年に2回。刊行は一年に4回。すでに2冊刊行されたが、すこぶる好評である。アジアの政治を扱うが、新興国からの投稿の勢いが凄い。欧米からもこの種の学術雑誌がなかったせいもあって、着実に投稿が増加している。今日も米国からアジアの投票行動を分析したものが到着。

第二、これは２０００年代の始めから、私を Executive Editor とする Japanese Journal of Political Science を Cambridge University Press から刊行している。年4回だから、もうかなりの量になる。

第三、これは数年前からのものだが、"Asia Today" というシリーズを Palgrave Macmillan 社が刊行している。私とジョン・アイケンベリー教授（プリンストン大学）が共同編集長で、すでに十数冊の単行本を刊行した。どのような主題が扱われているか。世界中のあらゆる主題である。アジアの興隆とあいまって主題も自然にそうなる。

第四、これは新規で、audio-visual の teaching materials を世界市場に向けて供給する。新潟県立大学の一騎当千の教員の得意な主題でつくる。２０１７年には大学教育の世界市場に新潟県立大学が参入する。乞ご期待。

第五、これも新規だが、世界で最大の学術出版社になった Springer Nature Palgrave Macmillan のグループから、やはり学術書シリーズで "Trust:Interdisciplinary Perspectives" を私が編集長で刊行する。政治哲学、進化生物学、生物物理学、心理学、社会学などを専門とする方が編集委員である。第一冊目は私と医学の徳田安春氏と共編著の本である。

日本の国内市場が狭い、消費が伸びないのならば、世界市場に打って出よ。新潟県立大学のようなモスキート級の大学でもできるのだから。

2016/7/27

新潟県立大学の業績自己評価

あまり暑くない夜が長く続いている。そんな時には少し振り返ってみるのも一案である。

私は新潟のこの地に生を受けたものとして、大学人として教育・研究に身を捧げたものとして、次のことを念頭に置きながら、過去8年を振り返ってみたいと思う。

1．新潟県は徳川時代には越後平野の開墾が進み、確実に増加する人口、着実に拡大する生産量を反映し、上杉氏の勢いは北条氏の小田原城を攻め落とし、関東一帯に大きな影響力を及ぼした。その後、米の生産量は日本一になり、日露戦争まで政府に納める税金の総額は、東京府さえも超越して全国第一位の経済力を、19世紀後半期に誇った。しかし、その後は年々、全国都道府県における経済力・政治力の相対的地位は低下した。それにしたがって、新潟県の青少年の学力は低下した。高度成長時代には中学卒業者が大量に東京で就職し、大学進学率は全国最低に近くなった。

2．21世紀に入り、新潟県及び全国の地方における大学教育の拡充強化が喫緊の問題として浮上した。グローバル化が全世界で進展し、新潟県及び全国地方において農業、製造業、鉱物・エネルギー資源、サービス業のいずれにおいても、おそらく米生産以外に世界的にみて特筆すべきものが次第に減退していった。そのような環境のなかで新潟県立大学開設が２００９年に泉田裕彦新潟県知事によってなされた。２００９年から２０１６年まで私は理事長兼学長として、鋭意工夫努力を重ねたことは、「立派な大学」をつくるという決心の上に、グローバル化で生き残るために必要な高知識、高技術、高感性をなんとか新潟県立大学でも身につけられるようにすることである。日本のどこから志望しても、世界のどこから志望しても、なんらかの魅力があり、そして卒業したら、いい仕事をみつけられるようにできたらと、鋭意奮闘してきた。

3．その結果、２０１５年には「週刊ダイヤモンド」の大学特集号で、グローバル教育力で全国第9位、総合力で全国第46位と全国800余りの大学のなかでランクされた。2016年には「週刊東洋経済」大学特集号で、国際・外語系の大学で就職率全国第3位にランクされた。さらにタイムズ・ハイヤー・エデュケーションは世界大学ランキング作成のための予備調査に新潟県立大学も数えるに至った。世界の優秀大学のトップ100にも500にも入ってはいないが、短期間で大学の魅力を上げていったことはたしかである。

予備校の算定する偏差値も年々上昇していることは広く知られるようになった。それに関連して、新潟県で一番とされる高校、新潟県立新潟高校の大学現役合格数でみると、新潟県立大学へは2009年7名から2016年13名に増加している。新潟大学は同期間65名から55名に減少、東京大学は同期間10名から11名とほぼ停滞している。偏差値が上昇している新潟県立大学には魅力ありとして、新潟県だけでなく、全国津々浦々から新入生が増加しているのである。

これも一重に教職員の工夫努力の賜物であることを強く確認したい。同時に、大学開設に踏み切った泉田知事をはじめとする新潟県、新潟県議会、新潟県民、そして本学講演会、保護者会、同窓会などのご支援の賜物である。グローバル化が進み、なんらの取り柄もない地域は人口減少、産業後退、そして地域の崩壊へとその一歩をたどりやすい。新潟をそうでないようにしたいという決心を実現すべく、みんなの力をあわせてこれからも進むことが新潟県立大学のみちであることは確かである。

4．それでは大学のビジョンは如何。私が考えて、しかもこの7年間余りなんとか次の5つの方向を大学案内で強調している。

（1）学生が希望をつかめるようにできるキャンパス・ライフ

（2）グローバル競争にひるまない積極的な人材の育成

（3）地域社会を担うヤング・リーダーの育成

（4）支援が必要な人とともに高める問題解決力

（5）アジアでの新潟県の出番を増やす教授陣

（1）まず強調したいのは、地方の公立大学には東京や外国の有名大学に進学を考えにくい学生が少なくないことから、経済的に恵まれていない学生が4年在学中に将来に繋げる希望をみつけるようにすることが重要である。具体的には、給付型奨学金の増加とキャンパス内学生寮（100室前後）を大きな目標にしている。自分とは少し違ったバック グランドの友人を寮生活、サークル活動、地域連携活動などでもみつけられるキャンパスを目指している。

（2）有無を言わさず、浸透してくるのはグローバル化の波である。さまざまなグローバル化の指標で新潟をみると低めだ。ここでひるまないでグローバル化になれていくことである。たとえば、新潟県立大学は外国籍の教員比率、女性教員の比率、日本語だけでなく、英語でなされる授業の比率などでは、グローバル化の趨勢に乗っている。職業は単純労働を年々縮小させる方向にあり、ロボットが急成長している。少しでも付加価値を生み出す能力を身につけないと職業にあぶれることになりがちだ。ここでは怯《ひる》まないでほしい。英語もしっかりと身につけて欲しい。機会が目の前に現れたらひるまずに、よく考えてしっかりと判断できる能力を身につけてほしい。

（3）新潟県立大学には国際地域学部があるが、地域を活性化するのも東京にしばりつけられるよりは、海外のとりわけ相性のある大学と共鳴しながら、グローバル化に慣れていくこともできる。国際も地域も別なものではなく、活発な部分が活発な部分と共鳴することが重要である。政治でも経済でも社会でも同じだ。英語での授業の数を増やすために、授業の効果を増すために、SAGE Publicationsという出版社と提携して、授業の材料、visual-audio materialsを新潟県立大学で作り、世界中の授業に使ってもらうような取り組みも始めている。大学がグローバル化に取り残されないように、しかし地域に無理な作業を期待しないように、旅先案内をしながら、地域社会のリーダーを養成することをはかる。リーダーの弱い地域社会は衰退してしまうのだ。

（4）社会は支援の必要な人々を常に内包している。そういう人々とともに、問題を解決していくという共生社会、共助社会を念頭に置きながら、大学を発展させていくことが重要である。身障者、ＬＧＢＴ、言語能力にハンディのある学生等々、置いてきぼりにしたり、いじめの対象にしてはいけない。授業でもなかなか進めない同級生もでてくるが、競争しながら、しかし協力して、ともに問題克服していくことが大切だ。その具体的な練習問題を大学で学んでほしい。

（5）新潟県は海と山に他県および外国とは日本海と越後山脈で隔たれている。その地理的な隔たりをものともしない精神を奮い立たせることが重要である。アジアは人口、経済活力、技術開発力、生物多様性、言語、自然資源等からみても21世紀の牽引車である。そのアジアとの関わりを促進する教授陣をさらに強化充実していくことが重要だ。日本の人口は21世紀半ばには多分1億人。それに対して隣大の中国は13億人、隣人のアセアン諸国は7億人、隣人の南アジア諸国は17億人である。言語は異なるが、その言語で考える枠組みや概念や表現もひどく違う。こういった違いも毛嫌いせずに、隣人とも付き合っていく感覚や能力を是非つけてもらいたい。そのためにも教員は多様性を具現している方を多く擁している。しかも、アジアの共通語は英語である。

5．研究の前線

大学は教育と研究から成り立つ。大学教育を、日本社会はどちらかというと冷やかにみてきた。学歴社会という言葉が象徴するように、学歴が重要な社会だから不愉快だという意見をよく聞くが、現実は多分逆である。日本社会ほど学歴が全体として低い先進社会はない。ＯＥＣＤ諸国のなかで政府の大学支出の割合が最低なのは日本である。大学教育に政府は相対的にお金を使っていない。それも国民がそれに賛成している。大学進学したい人は自分の費用でどうぞという人が多い。それでは程度の高い大学教育は期待できない。

21世紀は知識社会とよく言われるが、新しい知識は学問の進歩に比例している。学問研究を大事にしない社会は新しい知識の量が少なくなる。知識が少ないと活発なイノベーションや発明発見の少ない社会になり、それは停滞社会につながりやすい。新潟県立大学はこの点を重視し、教員の研究重視を奨励している。教育重視、地域連携重視、あるいは大学行政重視であってもよいが、研究重視の教員が肩身の狭い思いをしないように、東京の有名私立大学の個人研究費にも負けないようにしている。研究のインフラ作り、プラットフォーム設定の仕事は世界の研究のパラメーターともなる。

新潟県立大学では国内の二つの学会とその学術雑誌（投稿と無名査定による）を運営している。国際的には、二つの学術雑誌を編集している。ひとつは、Japanese Journal of Political Science（Cambridge University Press）、もうひとつはAsian Journal of Political Science（SAGE Publications）。データ収集と分析ではアジア全域で「生活の質」に焦点を当てた大規模の世論調査を２００３年以降実施した。このような全体的な路線のためか、タイムズ・ハイヤー・エデュケーションの世界大学ランキングでも予選に参加している。

6．新潟県立大学は新潟県によって創設されたもので、新潟県をゆっくりでも少しでも上に向けていくことを当然の目標としている。大学教育の中心は人作りである。卒業生から地方のリーダーが生まれていく。まだ開設したばかりでかくとしたことはいえないが、将来確実に地方指導者となる卒業生を輩出していくことを目標にしている。新潟県民の支援がここに死活的重要性を持つ。そういうことを念頭に地域連携、地域共同活動にも力を入れている。

7．総じて、新潟県立大学のビジョンは大学教育を地方創生の中核のひとつとし、「立派な大学」をつくろうとする努力と工夫のなかから、地方と地球を股に掛けるリーダーを輩出することを目標としているといってよいだろう。その中間結果は「良」であり、今後「優」を目標としてさらに進みたい。

大学教育は地球市民のために英語で

2016/9/20

技術革新はときどき言語を変えていく。欧州ではラテン文字はあったが、聖書のようなものは書いてあるものをすべて完璧に頭に入れておくことが重要だった。それに対処する最善の方法は、お経であれば写経である。あくまでもその文章を自分で書くことである。

ところがヨハネス・グーテンベルクが出てきて活版印刷により、書物を何部もつくるようになる。そうすると、聖職者だけの独占物であったラテン語だけではなく、土語（たとえば、いくつもあるドイツ語）でも聖書が広く読まれるようになった。さらに、マルティン・ルーテルの宗教改革で一気にドイツ語が使われるようになった。ドイツ語でも書物を書く人があふれて出てくる。英語のようにいろいろな言語の混ざりきった言語も形を整えていった。そうすると、主権国民国家の考えと一緒になって、土語が画期的な成長を遂げる。技術革新は言語を変えていったのである。

現在ではウィンドウズのワードであろう。ワードが１９９０年代初頭にできてからというもの、英語はすべての人の言語になりつつある。ネイティブ・スピーカーなどという表現は胡散臭い。万人の英語はいろいろである。どれも英語である。ワードのおかげで、英語でない言語も英語に翻訳しやすいようになってきている。英語と土語の相互使用が頻繁な土語においてはそれが著しい。

ゲイツの技術革新は英語もその他の言語をも大きく変えてきてる。まだ20年くらいしか経っていないからわかりにくいが、100年、200年経ったら、その変化の巨大なことに気づくであろう。

東京大学の石井洋二郎教授と梶田隆章教授と白波瀬佐和子教授の鼎談のなかで、石井洋二郎教授が言っているのだが、人文系で英語で学術書を書くとしたら、主題についての考えも日本語で書く場合とは違ってくるだろう。それどころか、「英語で思考することになると学問の質が変わるでしょう」(『淡青』33号、2016年9月)。

その通りである。大きく異なるのは、土語に結合している論法と土語だから興味をもって読んでくれる読者である。論法も読者も英語では異なるのだから、書くことも書き方だけでなく結論まで別な方向に行くかもしれない。日本語は主権国民国家の発展とともに大きな展開を遂げたせいだろう。

日本語を英語に翻訳するソフト・プログラムはフランス語、ロシア語、中国語から英語に翻訳するソフト・プログラムにくらべて、いまのところ出来が悪いような気がする。両者を往復する著者、読者が圧倒的に少ないためだろう。使う人が少なければ、ソフトも改善される切っ掛けが少ないから、未発達になるのは当然である。

技術革新は言語を変えていく。言語が変わっていくと教育の仕方も変わっていく。はじめは聖書をしっかりと記憶していくことだった。エリートとはラテン語を読めることである。英国外相のボリス・ジョンソンは髪を乱して弁舌を振るっているうちに、いつのまにかラテン語になってしまうそうであるが、受けた教育が古めかしいのである。

大学の教育もラテン語だけでなく、土語でも授業がなされるようになる。ラテン語の原典をもって見ながらそれを読み、それを翻訳する形をとる。さらに、その他大勢が大学教育に参加するようになると、土語の授業が普通になる。教科書も土語で書かれている。

しかし、大学教育の哲学が微妙に変化しつつあるのに気づいた方はどのくらいいるだろうか。大学教育はその主権国民国家の国民のために土語で授業をするはずだった。しかし、21世紀になって顕著になりつつある考え方は、主権国民国家の国民のために土語で行う授業ではなく、地球市民のために英語（その種類はいくつもある）で授業を行う教育へと変わっているのである。

先の鼎談で梶田隆章教授が「……皆が皆、宇宙の謎に興味を持つとは思いませんが、それでも、謎に迫ることが広く人類のためになるのだとストレートに言うようにしています」（『淡青』33号、6ページ）と発言しているが、その通りだと思う。

地方のためでも国家のためだけでなく人類全体に奉仕するように、21世紀の大学教育はゆっくりと変わりつつある。そのためには、教員も土着民からだけでなく、世界中のいろいろなところの出身者がいることが重要である。学生も土着民からだけでなく、世界中のいろいろなところの出身者がいることが重要である。教科書は土語だけでなく、世界のどこからきても分かる確率の高い英語になる。

それは主権国民国家の国民の子弟を育て上げることを放棄することを意味しない。むしろ地球的市民の大学教育を担っているという矜持を結合しているのである。そのためには、多様性に敬意を払い、不排除性を出来る限り実行していく。そしてそれは国家の魅力、国力を挙げていく大きな手段になっているのである。

日本の大学は大転換に向かう必要がある。それは技術革新が言語を変えていくからであり、言語の変化は大学教育、使用言語もカリキュラムも教員も学生も大きく変えていく。おそらく日本の大学は、はじめは緩慢な動きしかしないようにみえるが、これだけの知的集積を抱える日本の大学が日本語だけでつぶやいていては、人類の偉大な損失である。青年よ、大志を抱け!

ASEANで影響力期待される日本

2016/11/11

秋は果物の季節という。夕食に柿と梨をデザートとした。柿も梨も、とてもおいしかった。品種改良がすすんでいるのだろうか。それとも食事の時の気分が良くて、とりわけ美味しかったのだろうか。多分どちらも美味しかった原因だと思う。とりわけ気分が重要である。

今日は米国大統領選挙の結果が詳細に分かった日だ。11月9日(東京時間)の朝刊の新聞は、開票結果が出始めているのに一昨日の新聞のようで、テレビ(CNNとBBC)を時々みていた。いろいろな意見、見方の人が次から次へと出てきて、ああだ、こうだといっているのはどこの国でも同じようでいて、テンポも速く面白かったのである。

日本とＡＳＥＡＮ諸国（インドネシア、マレーシア、シンガポール、フィリピン、タイ、ミャンマー）で米国大統領選挙を主題に世論調査を実施した。調査を実施したのは8月〜9月。クリントンが圧倒的に勝っている。トランプを支持しているのは20代男性がクリントンに拮抗していること、高齢の男性にやはりポチポチとトランプ支持がある。

特に日本では、年齢にかかわらず女性はクリントン支持が圧倒的である。米国女性のトランプ指示がかなり高くなっているのを見ると、日本女性はそれだけ苦労していることを示しているのではないか、という感じを受ける。おそらく男性が特権的な地位を独占していることに反発しているのだろう。

10月28日、新潟県立大学実証政治学研究センター主催の学術会議に、ＡＳＥＡＮ諸国で世論調査したデータを分析した論文を発表した。日本の世論調査の質問表はほぼ同じなので、比較して面白かった。クリントンかトランプかという質問に対しての回答が宗教の違い、月別家計所得の違いが意外と重要である。質問のひとつには、アセアン諸国にとって、近隣大国とみてもよいであろう5カ国、米国、中国、日本、豪州、インドについて、それぞれの影響力が増加した方がよいか、減退した方がよいかという質問である。

ＡＳＥＡＮ5カ国（タイではこの質問は許されなかった）の総計でみると、日本の影響力が最高点、次が米国、その次が豪州である。最低なのは中国である。日本の影響力増加を強く期待する人は月別家計所得の最低層、米国の影響力増加を強く期待する人は月別家計所得が高い人、というようなことを分析している。

しかも、インドネシア、マレーシア、シンガポールは米国の影響力増加を望んでいるのではなく、近隣大国の影響力が均衡しあってというか、経済については相乗しあい、安全保障については相殺しあうことを望んでいるようにも読める。米国、豪州、日本と組んで、南シナ海での紛争をなんとかしようとするとつい最近まで思われていたフィリピンとベトナムについては、米国大統領選挙前に大きな変化が起きているようである。フィリピンの新大統領は経済協力の約束を中国や日本から取り付けている。ベトナムはＴＰＰに当面は不参加らしい。

11月９日以降どのような展開があるか、興味津々である。秋の柿と梨のように美味しいだろうか。

2016/11/17

Make Niigata Great Again!

２０１６年9月、新潟で「越後再興」シンポジウムを新潟県立大学が主催した。きっかけは内閣府審議官のお二人が、それぞれ日本のマクロ経済と日本の在学教育についてみんなと討論したいという申し出だった。新潟企業人三人も交えて活発なシンポジウムになった。「越後再興」とはMake Niigata Great Againである。その通り。

16世紀半ばの冬、越後の兵は小田原城を攻め、落城させる。関東の親分は誰かを決める戦いであった。越後山脈をこえて、関東大地を急ぎ、小田原城まで行ったというからすごい。上杉謙信やその近辺の話になると、越後の人は胸が騒ぐ。そんなものと私は思うのだが、nostalgic nationalism ではなく、nostalgic localism があるようだ。テレビで真田幸村やその一族を今やっているが、長野県の上田市は真田氏の旗がそこら中に閃いている。

長野県は新潟県と対のように扱われることが多いが、長野県人は東京で学者や出版社をやっている人が多いが、新潟県はそうでない。しかし、新潟県には大学が26ほどある。長野県には10個もない。

最近、長野県立大学を開設する動きが活発化している。長野市に開設する予定である。しかし、戦国時代の遺制なのか、旧制高校を擁して戦後国立大学が出来たときには信州大学は松本市にできた。そのせいもあるのだろう、松本市は長野県立大学を長野市に開設するのに、始めは反対していたらしい。だが、松本市案は長野市案に粉砕されたようだ。そこに上田市が私立長野大学を公立に出来ないかといってきたが、最近上田市案はどうも粉砕されたようだ。或いは粉砕されそうである。真田氏の旗も功を奏さなかったようだ。

武田信玄と上杉謙信の歴史的戦いを思い出すのだが、新潟県立大学開設（２００９年）後しばらくしたころから、長野県立大学を開設したいという長野県民の声が私にも聞こえてきた。

そのうちに、学長予定者で、慶応大学の金田一真澄教授（ロシア語・ロシア文学）が新潟県立大学にお見えになり、私は新潟県立大学の教育・研究・大学財政・大学運営などをおおまかに話した。その後は順調に進展しているらしく、新潟県立大学はすこし新しい競争相手ができつつあるのではないかと気をもんでいる。

新潟県立大学が国際地域学の修士過程を開設する時に、学長の私はグローカルの色彩を強めたいとして、半世紀前に学んだ外国語で大学院案内をした。私が日本語、英語、中国語、韓国語、ロシア語で、それぞれ5分くらいで流暢に（やや誇張している）語りかけている。金田一学長予定者はこの5カ国語案内をみたそうで、半世紀前に少し学んだロシア語でもやるなんて意欲的だねえと感想を述べた。

長野県立大学は軽井沢にも近いし、収容能力数百人の学生寮もつくっているとのこと。新潟県立大学はそういう施設は現在なく、弱みを狙われていると感じている。なんとかしたい。もうそろそろ開設の時が近づいている。

そんな風に考えると、上杉謙信と武田信玄の決戦のような気がしてくる。そんな馬鹿なとも思うが、そういう風に越後の人は考えがちだ。Make Niigata Great Again!

インド工科大学に刺激された国立大学改造法案

2016/11/18

この季節になると、大学の百科事典みたいなのが出版社から準備される。そうすると、1000近い数の大学学長にいろいろ質問表がくる。いま大学で一番重要で必要なことは何ですか、みたいなものが最近問われた。私に自由を与えよ、さもなくば死を与えよ、みたいなことを答えた記憶がある。教育、研究、大学行政、就職率向上で獅子奮迅の教職員にあーせー、こーせーと言ってもあまりいいことがないのではないか、むしろ自由に伸び伸びとやれる環境を大きく伸ばすことではないかと思うからである。

今年の質問表には、国立大学の人文・法・経系の縮小と統合についてどう思うかという質問などもでている。私の考えは以下の通りである。

1．日本の国立大学は米国占領下で起案・実行された。天野郁夫教授の最近著によく書かれている。国立大学はなんだかんだと100位あるようであるが、これは政府の現在の財政負担を無視している数である。先進諸国のなかでも国立大学が多いのはドイツだが、まさか100近くもない。米国や英国は私立中心主義だから国庫負担は小さい。フランスやスウェーデンなども国立大学があっても100近く国立大学などという数ではない。戦後日本は米国の州立大学を国立大学でやろうとしたから、国庫負担が過重になっている。

私立大学は600だか800位あるが、日本国憲法にあるように、教育や宗教関係の団体や組織には国家の税金をかけないようになっているはずのところ、私学助成が可能になっている。私学助成を縮小する方向も憲法のその条項にもっと近づけることになる。大学教育を家計の所得にかかわらず可能にすべし、という憲法の別な条項には反することになる。

公立大学は地方自治体に設置され、財政的にも大きな負担を担っているのがほとんどだ。地方自治体はそもそも歳入が極端に少ないところがほとんどである。それなのに、大学進学志望人口の割合が確実に、着実に増加しているために、公立大学が、極端に財政基盤が弱いままに開設される事態が続いている。

新潟県立大学も例外でない。とりわけこの数年は世界大不況下に近い状況にあるために、地方に留まって大学進学を希望するために、公立大学に対する需要は高くなっている。

2．国庫負担を軽減する必要から政府がいろいろ工夫努力を重ねていることには、ひとりの大学学長としても、ひとりの学者としても、衷心からの感謝の気持ちを表す。しかし、諸大学の中で政府のお金を一番大量に、そして一番非効率的なところに目を向けても知らんふりで使っているのは国立大学であることは間違いない。私学助成を減額しても財政健全化のためには大したことにならない。

公立大学のほとんどは政府から直接なにも交付金はこない。地方自治体には総務省経由で地方交付金がくる。そのなかに公立大学法人交付金となるものがはいっているはずであるが、地方自治体は総額は公表しても、公立大学に原案でどうなっているかは公表されていない。すくなくとも地方自治体は教えてくれない。そもそも公立大学法人に対する交付金はあっとおどろくほど小さい。東京大学は毎年1500億円の国立大学法人交付金を政府から受ける。

新潟県立大学は「清く、貧しく、美しく」をスローガンにしているが、公立大学交付金を新潟県経由で毎年8億円弱である。

東京オリンピック・パラリンピックのための新国立競技場はいまのところ1500億円くらいでなかったか。日米安全保障同盟の維持のために「思いやり予算」はこのところ1800億円くらいではなかったか。いうまでもなく、日米同盟維持のために日本政府が使っているお金はNATO諸国の5倍くらいではなかったか。大体の感じがわかるのではないか。

国立大学を100近く支えるのは日本政府の現在の財政力からいうと無理である。私は国立大学卒業でそこで勤務したこともあるので少しはわかる。しかも私立大学に2回勤務したこともあり、今公立大学の学長をしているので、この三者の違いがよくわかる。なんとかしなければならない。私立大学や公立大学をいじめても大した削減にはならない。税制から攻めるのは別である。これはここでは考えない。

3．私の国立大学強化と財政削減をある程度満足させる案は次の通りである。国立大学の質を大幅アップするために効果的と私には思われるのは、工学部の全国的改組である。

半世紀近く前、米国に留学していた時一緒の学生寮にいたひとりはムンバイのIIT出身、学部の4年生でMITに編入、1年半だか2年で、B.Sc（学士号）とM.Sc（修士号）を取って帰国、会社を作って大繁盛。IITはムンバイだけでなく、ニューデリーにも、カルカッタにも、全国で20校ほどある。そのひとつの評判があがると、どのIITも評判がよくなる。IIMというのも同じ仕組みだ。ビジネス・スクールである。アメダバードのIIMが今一番評判が高い。ナレンドラ・モディ首相の出身地だ。次は情報産業で強い南のカルタナカ州のIITである。II

TのなかでもＩＩＭのなかでも同じくらい優秀な教授陣を揃えるようにして、競争させるのだ。ノーベル賞受賞者を客員教授にしたり、本を書き上げる直前に招聘して、著作の謝辞に大学の名前が出るようにしたり、どこでもやっていることだ。ＩＩＴやＩＩＭは同じ名前で競争させ、いい評判がたつと全部評判が次第によくなるのである。

そのような工夫努力が国立大学再編には必須だと思う。20世紀の後半、国立大学の工学部は異常な拡張をなしとげた。産業が15～25年くらいのサイクルで変化するのに合わせるように学科改編、教授新規雇用を半世紀くりかえした。国立大学は総合大学だが、工学部の拡張は異常だったと思う。21世紀になってはそんな大きな産業もなくなっている。

ＪＩＴ（Japan Institute of Technology）を全国に10校ではどうか。国立大学の工学部を全部ＪＩＴと呼ぶことにしよう。ＪＩＴは大学学部と大学院を置き、全員が博士過程終了を義務づけることにしよう。企業では博士さまはいらないという低学歴、低学力政策をずっとひきずっている悪習は全廃しよう。ＪＩＴでは毎年10校のなかで一つくらいノーベル賞をもらえるように励んでもらおうではないか。

経済学部はどんどん縮小していくが、ＴＳＥ（Tokyo School of Economics）は全国で5校ではどうか。これも学部と大学院博士過程終了を義務づけ、5年に一回はノーベル賞ないしそれに匹敵するものがとれるようにしたい。そのくらいの水準の教授を揃えなければならないということだ。

ＪＩＴやＴＳＥでは世界的に活躍するようにしなければ居にくくする。外国人教授は半分近く任命する。給料や研究費も高くする。現在のような大学教授は一様に低めという制度は廃止する。新潟出身の田中角栄首相は、小学校や中学校の先生の給料を大幅に上げたが、大学の先生は据え置きにしたのではないか。

4．国立大学の数が多すぎる。政府の現在の財政力に比してのことである。伸び伸びとした教育や研究がしにくくなっている。世界大学位置づけなどで、日本の諸大学の順位が落下している。

これは、ひとつには、世界における高いレベルの大学教育に対する需要の着実な拡大に比して、米国、英国などの先進国を中心とした優秀大学の数が極端に少ないのに対して、他の先進国の大学教育はなかなかそれに答えるようにしてくれないところにある。

単純化を恐れずにいうと、国家のためにエリート人材を作る必要は以前と変わっていないが、21世紀には世界をみて地球的なエリート人材を作る共同責任と共有規範を感じないことには、日本の国立大学の根本的な問題の解決に向かうことにはならないだろうと密かに思う。

2016/11/21

新潟県立大学の長所・短所

大学経営は難しい。企業は利潤を求めて市場をみながら、生産、投資、技術革新、商品開発などの活動を続ける。利潤追求活動はできなくはないだろうが、新潟県立大学のように利潤が生じたら、県からくる公立大学法人交付金がその分減らされる。それにそもそも利潤活動に踏み込むような人員も資金もない。

大学経営の時の指標をいろいろ使ってはいるが、それに基づいた行動は難しい。大学の入り口から考えるときに受験生が使う指標としてあげられるのは次のようなものではないか。（1）全国予備校の偏差値、（2）授業料や入学金など、（3）奨学金、（4）寮施設、（5）就職率、（6）就職先の給料、（7）巷の評判など。

それぞれ簡潔に補足してみよう。

（1）新潟県立大学の偏差値は開設以来すこしずつではあるが、着実に上昇している。偏差値の上昇はユックリだから嬉しいが急激に上昇となると、志願生が減少する。

（2）公立大学であるので、授業料は私立大学に比べて半分くらいである。

（3）奨学金は全員給付にはなりそうもない。

（4）寮施設はない。他の大学で寮建設が進んでいるようなので、内心あせっている。

（5）就職率は非常に高い。新入生の4割が新潟県外からであるが、新潟県内に6割が就職する。人口減少に悩む新潟県には魅力的なプロファイルである。

（6）就職先の給料は地方なので平均そこそこである。もう少し給料やその他の待遇がよい企業に進出できないかと模索している。

（7）巷の評判には2種類ある。所在地の巷で評判が良いというのと、世界海外で評判が良いというのもある。前者については、田舎では秩序を維持するために諸勢力がカルテルをむすんでいるようなところが強く、秩序を乱すと思われかねない新規参入の大学は警戒されがちである。新潟県立大学も開設後8年目だが、つい最近まで強烈な逆風で悩んだ。この2、3年順風がすこしずつ吹きはじめているような感じがある。後者は少し難しい。海外の志願生に魅力ありと思わせる証拠を重ねなければならない。

難しい理由は五つ。

①英語で授業をあまり不愉快にならないで教える教員は3割で、なんとかもう少し増加してほしい。②カリキュラムが十分に豊富で、よく練られた授業をやっている。新潟県立大学は少人数教育を徹底しているので、授業の満足度はかなり高い。③全額奨学金はかなり少ないが、優秀な留学生を引きつける方向を工夫努力している。④学生寮がないので、とりわけ留学生にとっては魅力が減ずる。⑤世界大学位置づけに世界で100番以内とか、世界で1000番以内とかに入ってほしい。新潟県立大学は研究分野が少ないし、まだ出来たばかりの大学で厚みがないので、なかなかそこまでいかない。それでも今年はタイムズ・ハイヤー・エデュケーションの綿密な調査を受けている。

こんなことを考えながら、地方の公立大学の行く末を案ずる今日この頃である。

辛抱強い支持、温かい眼差し

2016/11/21

大学が開設されてから8年が経とうとしている。始めは逆風がかなり強く吹いていた。公立大学独立法人移行に反対の人が多く、新潟県庁、新潟県議会、新潟県世論、いずれもそうだった。静かに順風に変わったといえるのはこの3年間だ。3年前の夏のある日、新潟県県議会総務文教委員会委員長が本学を訪れ、あまり説明なしに、とにかくそのまま、といって帰っていった。予算規模はそのまま、半凍結という意味だった。

その後、はじめから志願者倍率10倍を重ね、偏差値も2、3年後から静かに上昇しはじめた。3年間で無視できない偏差値となったのだ。就職率は高く、国際関係系学部では全国9位となった。卒業後新潟県に就職する学生は6割、県外からの新入生は4割である。新潟県からの人口流出が激しくなっている現在、本学のパターンは新潟県民のまさに望むところでもある。

地域の評判は偏差値のほかに、地域活動を多くの教員が積み重ねていることから生まれる。

8年間で一部耐震工事、食堂新設、大学院棟新設、自動車・自転車置き場新設を新潟県が認めてくれた。旧三号館の開設と新学部、食堂、学生寮などの計画を進めているのも、順風になりつつあるからできることだ。是非とも着工、完成に進めたいと気をひきしめている。志願者からみると、本学はやはり施設サービスの点で向上を望んでいる。今回の計画で少しでも改善できたらと思う。

本学は偏差値の着実な向上によって、海外にも飛び立つことを望んでいる。短期留学の機会はかなり拡大したが、個人負担が軽減できるように、もっと奨学金を増加させたい。今回、大学院留学生に新潟県奨学金がはじめて一人認められたことは大変ありがたく感じている。海外からの留学生は宿泊施設や奨学金がまず重要である。

そして一番重要なのは、教員が英語でも授業をするという意欲が高まり、教員の授業が世界のどこから留学生がきても、対応できるように教員の力をつけることである。一国の首都、東京、を見ながら劣等感をもってみる大学教育ではなく、世界のあちこちから、本学で学びたいという先進国だけでなく、新興国や途上国の学生が次第に出てくると思っている。

タイムズ・ハイヤー・エデュケーションの世界大学ランキングでも、本学は綿密な調査を受けるくらいになっている。世界で1000番以内には入っていないが、大学の研究の狭さや厚みの点で向上する余地は沢山ありそうだ。文部科学省の科学研究費を使っている件数は教員数からみて多くなっている。東・東南アジアの多くの大学でやっているような、スコーパスに認められる論文を刊行したら、一本10万円というようなことはできない。

しかし、まわりの国の大学は着実に学術研究出版力を強めている。本学も少ない教員、少ない研究費のなかでも、この8年立派な向上を記録している。

本学は「地域に根ざし、世界に飛び立とう」をスローガンにしている。世界とは外国へ人が移住することではなく、たとえば、自分が手掛けた日常衣服、品種改良で生まれた穀物の種や、檜で作った組み立て・移動の容易で耐震・耐寒効果のある住宅、そして自作自演の歌を世界にはばたかせることを指す。これもあれも、本学学生が、教職員が獅子奮迅の活躍をしたからである。そして新潟県民の大きな支援があればこそである。

これからも、これまでの8年にも増して、着実な向上、目ざましい飛躍を新潟県立大学は達成できることを祈願している。思えば、逆風が強かったにもかかわらず、ようやく順風の方が多くなった。学長の私の能力と洞察力を振り絞り、非常に短期間で、しかも尋常でない財政的な制約のなかで、このような大転換が可能になった。新潟県の辛抱強い支持、新潟県民の温かい眼差しを得られればこそ、ここまで来られたのだ。

【終章】グローバル・コンシャスネスの芽生え

東本願寺で講演

2017/1/10

新年おめでとうございます。休日が続くと、テレビを観ながらミカンを食べる癖が前面に出るようだ。こたつはないが、やることは同じ。子ども時代にかえったようである。

テレビ番組のなかで、比叡山で千日かけて荒修行を実行し、アジャリになられた方の修行と人生観を吐露される場面があった。そのなかに、私も深く同感するものがあった。

実は私の母親はお寺の出である。1950年代にはお寺の行事はとにかく盛大だった。盆や正月は猫の手も借りたくなるぐらい、忙しかった。住職をしている叔父は私の手も借りたかったのだろう。実際、小学生の時、修行をした。そう遠くないところにあったお寺に早朝いって、ばかでかい本堂廊下を全部雑巾掛けした後、だれもいない本堂でお経をあげた。その後で、お寺で一汁一菜の粗食を食べた。その時に読経をしていると、芭蕉の俳句にある心境になった気がした。「…岩にしみ入るセミの声」。読経が佳境にはいると、自分が上げているお経が頭の上から自然に音がでるような感じがする。その後に、大きな鐘を叩きゴーンという音のなかでその日の修行がおわりになる。お盆には沢山の方の墓前で読経をした。正月には檀家に新年年始の挨拶を自転車でまわり、雪が深い時には大変だった。汗ビッショリになった。その年の秋、新潟市の中心部が大きな火事で全焼したとき、すべてが変わってしまった。

すっかり忘れていた昔を思い出させることが数年前に起きた。大学の同僚のひとりが東本願寺の研究教育担当の高僧になっており、私が突如、講師に呼ばれたのだ。その方は丘山新東大名誉教授である。私はアジア社会全域で「生活の質」世論調査を実施し、人は幸福についてどのように感じているかなどについて考えている時だった。

私の話はさておき、50年以上前の経験を思い出したのだ。数珠をもち、なにかを発声し、頭を垂れて眼をつむり、一連の動作からはじまる。沢山の僧侶がいるのだから、50年余り前の経験、大きな本堂でただ一人、読経するのとはちがったが、昔を思い出させるには十分だった。

そこに2017年のアジャリである。まずその方の精神的身体的頑健さには圧倒された。それ以上に圧倒されたのは、人生観である。「一日一生」。毎日が一生とは、朝には生き返り、暮れには別の世へ行くということである。生きているその日をその日だけだと思い、生きるということだ。「人生とは修行である」「仏に向けて人生の論文を書くことである」

2017/1/24

情緒は音に強く反応

米国大統領選挙は地球的疑似選挙ではないか。世界44カ国の世論調査でトランプ対クリントンのどちらに投票するかを聞いてみた。

年齢、性別、大学以上の教育、家計所得、宗教、就業者などで支持候補への偏りが説明できるかをみた。階層ベイズ統計法でみると、ある程度の統計的有意度をもつ要因が44カ国別にわかる。44の社会の特異な特徴が現れていると同時に、地球的に普遍的と思われる構図もみえてくる。階層ベイズ統計法の結果を一つの表であらわすと、米国の選挙といいながら、地球全体の選挙という気がしてくる。

そもそも大統領就任式が終わってから、世界中で新大統領に対する（何）百万人の抗議集会・行進が行われたというから驚く。米国が世界に大きな影響力があるからだろう。嫌な人が最高指導者になれば、世界中で抗議、反対の波がみられる。２０１７年にはグローバリゼーションとデジタリゼーションがかなり深くなっているから、とりわけそう感じられるのだろう。

１９７０年代前半、私は米国の大学院に留学していた。反戦の声が、米国だけでなく世界の多くの国で聞かれた。

ある日、私は読もうとする本がなかなかみつからず本当に困った顔をして、大学図書館長室をノックした。その時の私は着古したジーパンに、何色だったか覚えていない半袖のシャツ（夏だった）を着て、勉強に夢中で髭もそのままで、片手に青色のバッグをもっていた。図書館長は私の要求を聞くと、静かに言った。「要求は分かった。しかし、窓に石は投げつけないでほしい」。ちょうど反戦、反大学の抗議・行進が渦巻くなかだ。それにブルース・リーの痛快な活劇が流行っていたころだ。私が片手にもっていたバッグが、図書館長には怒りに満ちているブルースの武器（ヌンチャク）に見え、私が今にもそれを振り回す東洋系に見えたのだろうか。

冗談はさておき、2010年代は1960年代末~1970年代初めと大きく違う。一番違うところは、地球が小さくなったことであり、情報の伝播が超快速になったことである。米国民でなければ米国大統領選挙には参加できない。しかし、選挙にはなんらかの形で参加しているのである。あちこちの抗議集会・行進だけでない。新聞、雑誌、テレビ、ツイッター、世論調査、なんでもある。国家だけでなく非営利組織や個人、地球的連帯の社会運動、国際組織などなどである。「咳をしても一人」と唄う歌人も、ひとり言をツイートできる。

米国大統領の就任式をテレビ実況で長時間みた。新聞雑誌とテレビ実況の質的な違いは、テレビでは人の感情がよく分かることではないか。それも表情だけでなく音があることが大きいのではないか。字は考えを、思想を伝える。しかし、音は気分、感情を伝える、情緒が滲み出す。トランプの見すぎではないか。そうかもしれない。

字と音の機能の違いはたしかにある。現代中国語では漢字とピンインというローマ字で発音を示す記号が併用される。後者はPCを使う時に必須である。一つ一つの漢字には決まったピンインと声調があり、これが私の感じでは中国語の情緒を伝える。

私は、中国語はピンインから入ったのでとりわけそう感ずる。日本ではじめてピンインで引く辞書を作った倉石武四郎は新潟出身なのも、なにかの縁だ。中国でピンインを発明した周有光はつい最近亡くなったのも何かの縁だ。

地球的疑似選挙は音の伝播が超快速になったことと関連していると思う。心を支配するのは理性ではない。理性は頭脳にコントロールされているらしいが、情緒は大腸にコントロールされているらしい。情緒に影響を大きく与えるのは音であることを忘れてはならない。トランプの演説は理性に訴えてはいないのではないか。情緒が沸きだすことに注力しているのではないか。そのためには語彙は少なく平易明快、反復繰り返しを多くしなければならないのである。

8年間の学長勤務は3月で終了

2017/2/16

生まれ故郷とはいえ、8年間も新潟県立大学に奉職することになったが、この度満期ということで退職することとなった。

新潟県民の方々には大変お世話になり、感謝している。新潟県立大学は、前身の女子短期大学から共学4年制の大学になって8年が過ぎた。この間、新潟県と県民の皆さまのご支援によってみちがえるように成長し、いくつかの大学ランキングに登場するまでになった。

8年の間に、新入生の偏差値は年々上昇し、学生の実力は大きな注目を集めてはいなかった大学から、全国から優秀な学生をひきつける大学になりつつある。県外出身が4割になっている。学生は大学のエンジンである。未来に向かって悩み、もがき、でも前に進む学生が大学の活力だ。

8年間で、卒業生の就職は長い不況にもかかわらず、高い数字を記録した。直近の卒業生の就職率は100パーセントに近い。サービス・セクターが多いが、パブリック・セクターにも10

パーセント程度が就職している。また、東北大、新潟大、筑波大、東大など一流大学院に毎年進学している。

在職中、特に記憶に残っていることがある。それは、文部科学省や厚生労働省からの科学研究費の受益者数が格段に上昇したことである。新潟県立大学には、潤沢な研究費を教員に配分するだけの財政的余裕はまったくなかった。私が２００９年に着任した時には科学研究費を享受していた研究者は2、３人を数えるのみであった。

私は科学研究費のおかげで多くの研究を達成してきたので、教員がどうして申請しないのか、と歯がゆかった。申請してもどうせ採択されないから、と決めつけている教員が大多数であった。しかし、民間の財団などの機会もあることだから、教員それぞれに分野的に関連する財団の申請要領、申請締め切り、結果発表の月日をしっかりと年間カレンダーに記して、文部科学省、厚生労働省の科学研究費の申請だけでなく、複数の財団に申請書を毎年提出することを奨励した。

さらに、前年度の申請書の欠点を毎年改善して、入るまで申請し続けるよう指示した。その成果か、近年では科学研究費獲得件数が28件を記録した。外部からの研究費獲得は、この8年間で累積1億円余り。継続は力なり、である。

「地域に根ざし、世界に飛び立つ」ことをモットーにしている。目標は未だ達成せずではあるが、とにかく一歩前進することが大切だ。地方の豆粒のような一大学を世界でも何かの存在にしていくことが、地方創生にも繋がる。一人ひとりの卒業生にも、その地方にも、意味をもつものだと思う。
立春の声を聞くと、あらゆる樹木が芽を出し、葉を準備する。四季のうちでも最も希望という言葉が似つかわしい季節だ。新潟県立大学で学んだことが、一人ひとりの学生にとって長い人生のうちの短い時期であっても、記憶に残る時期になればと祈っている。

グローバル・コンシャスネスの芽生え

2017/3/7

２０１６年の米国大統領選挙は、ヒラリー対トランプの激戦であった。米国の方向性を変えていくものと見られたためであろう。あまり関心を払われていなかったことは、米国以外の国々でもヒラリー対トランプの競争が投票参加はないにせよ、激しかったことである。

44カ国でヒラリーとトランプのどちらを大統領に選ぶかという質問がなされた。WIN-Gallup International end of the year poll 2016である。２０１６年の7月から9月に44カ国で実施された。まだ投票日にはほど遠い時期にもかかわらず、地球的意識というような感じが観察できる。ほとんどの社会でヒラリーが優勢であることは、米国社会の夏と同じである。そのなかでトランプが優勢なのはロシアである。米国では当時すでにトランプは善戦していた。

つぎのような分析を試みた。トランプ得票数マイナスヒラリー得票数を各社会で出す。それを社会学的属性、すなわち、年齢、性別、宗教、大学卒、所得、雇用なども考慮に入れて分析する。

階層的ベイジアンモデルをつくった。これは二つのステップを踏んだ上で、全地球的分布をみながら、属性が各社会でどの程度重要かを示すことができる。

第一の結論としては、米国以外でもヒラリー対トランプの激戦の予兆が明白だ。第二、多くの社会で雇用が不調で家計所得の低下・停滞が強く感じられる社会学的属性の回答者、つまり先進国の生産的世代の男性は、ブランコ・ミラノビッチの指摘する通りのトランプ同乗者（同情者）がかなり強い。第三、女性回答者のなかで、ヒラリーが圧倒的なのはバングラデッシュと日本である。バングラデッシュは独立以後ほとんどの時期、女性の大統領を出していることが関係しているのではないか。日本は生産的世代で雇用され続けている女性は少なめではあるが、それもかえって女性の団結心を強めている結果ではないだろうか。

米国大統領選挙は、米国が世界指導国であるがために、世界中の関心を集める。投票権はないが、あたかも地球的選挙のような様相が強い。

２０１１年春に、世界の50数カ国で実施された原子力発電についての世論調査を分析したことがある。これもWIN-Gallup International end of the year poll in 2011である。途上国や新興国では、なにがあろうと原子力発電を促進するという意見が圧倒的に優勢である。それに対して先進国では意見の違いが大きかった。

なかでも明白だったのはドイツとフランスである。所得水準と大学教育だけで分析すると、ドイツでは教育水準が最上位25パーセントの回答者では、原子力発電反対が圧倒的である。ドイツでは所得水準が最上位25パーセントの回答者では原子力発電賛成が圧倒的である。これに対して、フランスでは教育水準や所得水準のどちらから見ても、原子力発電賛成が強い。日本は認識が混乱しているのか、これほど極端に意見が大学教育や所得水準では分かれていない。

６年後、原子力発電に対する賛否はどうなっているのだろうか。ドイツでは風力や太陽熱などの利用が思ったほど迅速に拡大していないが、原子力発電反対の政策は継続している。フランスでは、おおかた原子力発電賛成ではあるが、その割合は減少しているようである。日本は原子力発電なしの数年間が過ぎたが、再稼働かどうかについては、被災地の復興実現の夢の先細り、東京電力の経営擬似破綻や福島などの農水産物の輸入禁止の継続などで、混迷がみられる。どうなるか。

ここで強調したいのは地球的認識（グローバル・コンシャスネス）とでもいえるものが、２０１６年の米国大統領選挙や２０１１年の福島原発大災害について全世界の回答者が共有していたとみえることである。国別の世論調査分析の限界を知らされた出来事だったのだろう。地球的認識がどのように形成されるか、それに対する地球的政策の多国間条約などによる立法はどのように推進されるか。母集団を全国ではなく、全地球とする世論調査の開発の必要性がいまほど強く叫ばれなければならない時はない。

教育力が低いとGNPも民主政治の質も低い

2017/3/13

2011年3月11日から6年経った。大きな災害は七転び八起きのきっかけになるのか、それとも挫折して低迷の方向にいくのか。人によってさまざまだと思う。

私自身の半生をみても、1945年両親は全財産を失う。1955年地域の大火災で家屋消滅。1964年大きな地震で、父の職場が流失。1968年大学紛争では学者志向の私自身が方向性を一時喪失。

1955年の災害は後遺症が強く、その後の数年間は暗かった。田舎にいてもどうしょうもない、と密かに決心を固めた時でもあった。私の通った小学校の校区に戦後直後は住んでいた坂口安吾はいう、ふるさとは語ることなし。東京に行くことが直接の目標であった。ちょうど舟木一夫の「高校三年生」の歌のように。東京へ出たのが1962年だから、大火災から7年だ。7年はあっという間に過ぎる。

2011年3月11日、東京で大地震を経験したが、東北が地震、津波、原発崩壊の大災害に遭った時だ。その日の夜、BBCからインタビューを受けた。家のなかの大混乱で、大きな声でこたえたら、電話をかけてきた方が恐れをなしてか、またあとでとなった。さらにそのまた翌日、ニューヨーク・タイムズから誘いがあり、若い被災者に対するメッセージを送った。

教育者だから、教育が挫折してしまうと困る一心で、外国留学の機会をつかんではどうか、と書いた。ほかにも送った方々とは全然トーンが違っていた。しかし、その後、いくつかの国やいくつかの民間財団などから奨学金付きの留学機会が若い被災者にどんどん発表された。私も大和日英基金の面接審査にもかかわり、何人かの留学の後押しをした。

そのなかのひとりは東北大学理学部生物学科の大学院をちょうど修了する直前の学生であった。研究室が破壊されて動揺したが、とにかく博士号はとれたので、イギリス北部の大学で、湖上を何本かの足を上にあげて、マストのように湖上をスイスイと渡る蜘蛛の研究で、それが遺伝なのか環境適応で習得したものか、みたいな問い掛けから始まる論文をネイチャーだったかに投稿しているが、まだ頑張るつもりで、大和日英基金の支援で英国の大学にいくことになった、という。

私もなにしろ小学生の頃は生物学博士になるつもりだったので、興味があった。その論文を送ってもらって、チラチラと読んだ。その後どうなったか。もう6年も経ってしまった。

早稲田大学の学部学生は一年留学がその学部では義務づけられているので、折角の機会なので留学したいという。将来の志望は国家公務員試験だという。留学して国家公務員の英語使用能力を一段と向上させて下さいと心中で思った。この方もどうなったのかと6年後の今日、ふと思う。

1955年被災者としての生活を送る7年は、いま見る仮設住宅の3倍も劣悪であった。寒さが訪れないうちにと急いで造られた小さな家に住んでいたのだから。1962年大学入学はかなったが、その6年後大学紛争で大学封鎖になる。結局入学してから8年も将来不安に悩みながら過ごした。苦手な面接なしで、留学の機会をつかんだときの嬉しさはなかった。

東日本大震災の6年後、若い被災者もどのように成長したのか。復興はそれほど進まなかったという新聞やテレビ報道をみるたびに、若い被災者がどのようにすごしてきたのか、気になる。若い被災者には災害地の復興が弱いと教育の機会、就職の機会が劣悪になりかねない。人口減少が激しいのだから、共同体の維持も難しい。ましてや最低限の所得も得にくい。

教育こそが力の源泉である。高い教育を受ける若い人口が多いほど、国家も社会もつよくなる。教育力が低ければ、GNPも低くなる。教育力が低ければ、民主主義政治の質も低下する。

立派な大学を抱えていると国家の評判も良くなる

2017/3/13

日本の高等教育を歴史的に考えてみたい。そのために、初代帝国大学総長・渡辺洪基、戦後最初の東京大学学長・南原繁、文部大臣・永井道雄について何冊か読んだ。

渡辺はすでに芽生えていた専門職業学校を寄せ集めて、国家エリート要請のための東京帝国大学とした。南原は米国占領下、各県に国立大学をひとつ作ろうとした時に、当時の教育関係者の多くが少数の特権エリート養成を軸とした戦前の大学の仕組みを温存しようとしていた時に、平等主義の観点から国立大学を各県に置くことに踏み切ることに重要な役割を果たした。永井は戦後の大学の仕組みが科学技術の進展のスピードにあまり注意を払わず、高等教育が旧套墨守になっていたことを憂えた。

高等教育を考える時に、渡辺は国家エリート要請に応え、南原は広い社会的広がりをはかり、永井は大学経営の旧套墨守の時代錯誤性に警鐘を鳴らした。21世紀になってみると、その三つの時代的要請にある程度応えてきたから、日本の大学がここまで来られたのである。

しかし、私のみるところ、日本の大学の多くは、卒業生のため、国家のためという目的にはしっかりとその仕事を果たしてきたのではなかろうか。渋沢栄一の『論語と算盤』の精神はそのどちらの要請にも応えたものだった。一人一人の卒業生が職につけた、一生をすごせた。それは国家の目的にも調和していた。

21世紀の高等教育をみて感じられることは世界人類のためという目的は、優先順位が実力のわりに低めになっていることである。世界人類のためとは何ぞや。もうすぐ世界人口は75億人。高等教育を熱望する人は世界で天文学的に増加している。アフリカやアジアやラテンアメリカ、そしてヨーロッパや北アメリカでも、需要は高い。

しかし、しっかりとした高等教育を施す大学は世界にいくつあるのか。1000あってもたらないだろう。問題はその1000位の大学でも、21世紀の科学、技術、学問の発展の前線で戦っている大学ははるかに少ない。したがって、欧米の超優秀な教授の給料や研究費は極度に高くなり、その他大勢の教授はそうでもなくなる。

そこで欧米はもちろん、非欧米の大学からも、超優秀な教授が集まっているところはないかという動きが出てくる。それが大学世界ランキングの格付けの動きと連動してくる。世界人類の大学志望人口は何億人なのではないだろうか。そのような需要に立派に応えられる大学を世界は望んでいるのである。

ユネスコの平和研究委員会（ヘンリー・キッシンジャー委員長）に私が勤めた時に、その事務局長はブルキナ・ファッソ出身で、祖国では何千という若者が日本語を必死になって学び、日本留学を熱望している、と言う。しかし留学奨学金はなかなかとれないと私に訴える。

新潟県燕市の農耕機械製造会社（フジイ・コーポレーション）社長に、トルコ国立5月16日大学（5月16日はトルコ独立近代化をリードしたケマル・アタチュルクが最初の武装蜂起を決行した日）は黒海沿岸のサムスン市にあり、その国立大学が新潟県立大学に留学生をトルコの国費で送りたいとのこと。幸い留学生引き受けを可能とする学術交流協定の締結へと進展している。

ノーベル賞を沢山貰いはじめた日本には立派な大学があるのではないかということになる。立派にしようとする大学は沢山あるが、世界人類のためにとなると、日本の大学はそのインフラが調和しないことが多すぎるのである。

ここで考えなければならないのは、世界人類のために立派な大学をいくつ抱えているかが、結局はその国家の高い評判にも繋がるのである。卒業生のため、国家のため、そして世界人類のためという目的は、結局は収斂するのである。

国際標準などは嫌だといって前二者の目的だけを考え、世界語である英語で授業をせず、世界語でない言語だけで論文を発表する教授が95パーセントでは、はじめから世界人類の志望者に対して、鎖国主義、保護主義の非難を甘受しなければならない。開国主義、自由教育主義をもうすこし進めようではないか。

新潟県立大学のみなさん、さようなら

2017/3/23

3月21日、卒業式を無事に立派に終了した。

はじめの数年、卒業式や入学式はボロボロの体育館でガス・ストーブを何機もつけて暖房につとめながらだったが、このところは国際会議場で実施している。学生歌のコーラスも聞けば聞くほどよかった。あんまり良いので、新潟県庁でも昼を告げる歌として毎日流してくれまいかと、前の泉田知事に頼んだら、知事らしくなく、腰がひけたお返事をいただいたことを思い出す。

8年間のながい間、皆様に心からの感謝を表します。新潟県、新潟県立大学、教職員、学生、保護者、同窓会、後援会、それに様々な新潟にある組織と個人に大変お世話さまになりました。まさかこんなに長くいるとは始めは思わなかった。しかし、8年間は私の教育・研究の歴史からみると意外に短いものだ。

東京大学入学が1962年、卒業が1966年、大学院で修士号をとったのが1968年。すぐ大学紛争が爆発し、ひとりで勉強。1969年上智大学助手。1970年に米国留学。197

4年MIT博士号取得。1977年東京大学助教授、その後教授。途中、ハーバード大学、ジュネーブ大学、オーストラリア国立大学、デリー大学（インド）、シンガポール国立大学、ガジャマダ大学（インドネシア）、アールフス大学（デンマーク）、パリ政治学大学院、ソウル国立大学、北京大学、カリフォルニア大学、ジョンズ・ホプキンス大学などで客員研究、客員教授など。さらに国連大学上級副学長1995～97年。2005年中央大学教授。2009年新潟県立大学理事長兼学長。2017年桜美林大学特別招聘教授。

大学でも国立、私立、公立などがあいみだれ、いろいろな大学の組織で教育研究した。外国でも欧米だけでなく、アジアでもいろいろなところで教えてきた。よかったと思う。国際機関のやっている国連大学をも経営してきた。政治学や国際関係論が主な研究分野だった。日本と国際問題といった論文は山と書いてきた。米国の民主主義推進についての共編著はオックスフォード大学出版社、日本対外政策についての共編著はスタンフォード大学出版社から刊行している。

最近の20年間は世論調査で「民主主義」や「生活の質」について大規模なデータを分析し、数多くの学術書を刊行した。前者についてアジア的価値やグローバリゼーションなどについてアジアとヨーロッパを比較し、数冊ラウトレッジ出版社から刊行した。後者については生活の質、信頼、退出・発言・忠誠、アジア社会の類型などについて分析を刊行している。シュプリンガー出版社からやはり数冊刊行になる予定だ。

さらに最近では主権国家が参加する多国間条約を体系的に分析している。世界市民の価値選好、規範意識などとどこまで関係しているのかをみている。同時に、多国間条約の参加形態をそのスピード角度（地球的コモンズ対主権国家）、そして戦略（共同祈願対相互規則遵守型）からみて、世界の主権国家を8個の類型として分析し、どのように多国間条約の世界が生まれているかを俯瞰している。学術書も日本語で100冊、英語で50冊になりつつある。

学術雑誌論文は山と書いた。日本語では年齢とともに敬遠されたのか、英文執筆が多くなった。日本では誰も読まないのだろうか。反応は大してなかった。被引用頻度でいうと、グーグル・スカラーの指標では3月22日現在で3586である。

理科系や医学系の学者は世界で百万人を優に越えるところばかりだろうに、政治学者は世界で10万人くらいだと思うと、私の論文をここまで引用してくれたとありがたく思っている。世界大学ランキングで一躍格付け指標のトップに立っているスコーパスでも取り上げた論文は60だ。だからどうだと言う人は邪心をもっている。それ自体が真理追求と討論参加の結果なのだ。

どうということではなく、一生かけて、人生という論文を書いているようなものなのだ。年齢からみると、50歳代から急激に増加し、被引用頻度は少し遅れてうねるように増加し、73歳の現在でも日々増加しているようだ。

大学という組織の経営に立ち向かったのは初めてではなかった。国連大学の上級副学長として、ユーエヌ・ユニバーシティではなく、アン・ユニバーシティと厭味をいわれることもあった国連大学を一方で学術出版を活発にし、他方では時宜に叶った有識者会議をさらに頻繁に開催した。

新潟県立大学では教育が一番重要だが、正直言って、学生はその偏差値で年々上昇していくのが目にみえた。就職もよくなった。難しいのが県民の世論というか評判で、遅れ気味、理解が乏しかったと思う。

そこで私がとった戦略は「新潟県立大学に関心をお持ちの方々に」で大学全般についていろいろな意見や分析を書くことであった。一番鋭く反応したのが受験生、とりわけ新潟県外の受験生だった。次によく反応したのは、学識者というか私が名刺を交わした5000人余りの方々である。受験生は入学試験に志願、学識者は時に感想でいい大学という印象を強めていったらしい。新潟県の世論は難しい。県外の世論は反応が良い。おかげさまで、新潟県の中枢や新潟県立大学の教職員に直接対峙せず、迂回戦略で、学生主導で歩みを進めたという感じである。

社会の諸勢力が競いあって8年間があっという間に過ぎた。ご迷惑を掛けた方々にはすみませんでした。いろいろ優しく励ましてくれた方々にはありがとうございました。

さようなら、みなさん！

おわりに

柄にもなく、ひょんなことから新潟県立大学の初代学長になった私は戸惑うこともなかった。モスキート級の財政規模から考えて、大学改革というよりは生き残りのための本能的な反応だったのだ。

大学改革というと、二つのことを思い出す。

（1）入学式や卒業式は、国家斉唱ではじまり、偉い人達がつぎからつぎへと挨拶し、大学の繁栄を祈願するようなことを言う。建学の精神は重要だが、築半世紀の体育館で大きな石油ストーブを焚いて寒さを凌いでいる場合には、長い式はむかない。

（2）学長が大学の起源に遡り、わが大学はかくかくしかじかの精神を体現し、このようなビジョンに立って、この先の5年計画の達成年度までに日本や世界で有数の大学になるために頑張ろう、というような演説をする。未来指向は重要だが、朝早く大学に来ても、朝食さえだしていないような大学ではダメだ。

大学学長になるまでに私自身は大学で長い職業生活を送ってきたが、教育研究中心、さらにいえば研究中心の職業生活だった。

本書の「はじめに」では生き残りのための本能的な反応としての小さく、具体的な改革に焦点をあてた。しかし、毎日の大学生活で感じたこと、考えたことの一端は大学改革の構想に触れている。それらを小さな具体的な大学改革の創意工夫とはかなり距離をもったものになるだろう。次の機会にしたい。

本書は「徒然草」とひとりで呼んでいた、新潟県立大学学長だった8年間の「新潟県立大学に関心をお持ちの方に」と題して書いたものを7割がた起源としている。運良く、桜美林大学出版会に刊行いただくことになった。桜美林大学では退却しがちな私の体力に抗って本書刊行を可能にしていただいた方々に謝意を表したい。荒っぽい原稿を魔術師のように、読みやすく、わかりやすい本にしてくださった。

最後に、一番お世話になったのは故佐藤東洋士総長である。桜美林大学に奉職できたおかげで本書を刊行することができました。遅ればせながら、満腔の謝意を表したい。

本書の執筆にあたり、日本経済新聞のコラム『親和力』に連載した原稿を加筆・訂正し、一部掲載した。

上段が本書での見出し、下段が当時の見出しと掲載日である。

＊学びは出合い……『学びは出合い』（2011.10.29）
＊日本の1パーセント底上げ……『日本の1％底上げ』（2011.11.19）
＊職業への視野広げる……『職業への視野広げる』（2011.12.17）
＊自分を表現する力……『自分を表現する力』（2012.1.21）
＊東大が突破口開け……『東大が突破口開け』（2012.3.3）
＊韓流の「孟母三遷」……『韓流の「孟母三遷」』（2012.4.21）
＊中国学生の学習姿勢……『中国人の学習姿勢』（2012.5.26）
＊大学はキャリア・デザインの手助け……『大学選びの指標は…』（2012.7.14）
＊力と気迫……『力と気迫を見せる』（2012.8.18）
＊田舎出はハンディか……『田舎出はハンディか』（2012.10.13）
＊大学を比べる指標……『大学を比べる指標』（2012.12.1）
＊熱血的な外国語指導……『情熱的な外国語指導』（2013.2.9）
＊県立大学の時代は到来した……『学校への愛着』（2013.3.30）
＊キャンパスで希望をつかもう……『大学で学ぶべきこと』（2013.5.18）
＊英語を学ぶ余裕を……『英語を学ぶ余裕を』（2013.7.6）
＊起承展展結のススメ……『起承〝展〟結のススメ』（2013.8.24）
＊名もなく貧しく美しく……『灯台守の公立大』（2013.10.12）
＊人材は地方に在り……『人材は地方にあり』（2013.11.30）
＊グローバル人材……『グローバル人材』（2014.1.18）
＊発想力育む大学に……『発想力育む大学に』（2014.3.8）

◎桜美林大学叢書の刊行にあたって

「隣人に寄り添える心を持つ国際人を育てたい」と希求した創立者・清水安三が一九二一年に本学を開校して、一〇〇周年の佳節を迎えようとしている。

この間、本学は時代の要請に応えて一万人の生徒、学生を擁する規模の発展を成し遂げた。一方で、哲学不在といわれる現代にあって次なる一〇〇年を展望するとき、創立者が好んで口にした「学而事人」（学びて人に仕える）の精神は今なお光を放ち、次代に繋いでいくことも急務だと考える。

一粒の種が万花を咲かせるように、一冊の書は万人の心を打つ。願わくば、高度な知性と見識を有する教育者・研究者の発信源として、現代教養の宝庫として、さらには若き学生達が困難に遇ってなお希望を失わないための指針として、新たな地平を拓きたい。

この目的を果たすため、満を持して桜美林大学叢書を刊行する次第である。

二〇二〇年七月　学校法人桜美林学園理事長　佐藤　東洋士

猪口 孝
（いのぐち・たかし）

1944年、新潟県生まれ。政治学博士（M.I.T.）。東京大学名誉教授。前新潟県立大学学長兼理事長。元国連大学上級副学長。現桜美林大学特別招聘教授。著書・論文多数。

実力大学《じつりょくだいがく》をどう創《つく》るか　ある大学改革《だいがくかいかく》の試《こころ》み

2021年10月20日　初版第1刷発行

著者	猪口 孝
発行所	桜美林大学出版会 〒151-0051　東京都渋谷区千駄ヶ谷1-1-12
発売元	論創社 〒101-0051　東京都千代田区神田神保町2-23　北井ビル tel. 03（3264）5254 fax. 03（3264）5232　https://ronso.co.jp 振替口座　001601155266
装釘	宗利淳一
組版	フレックスアート
印刷・製本	中央精版印刷

ISBN978-4-8460-2079-8